MARCO POLO

DANZIG

Reisen mit Insider Tipps

Danzig ist eng mit dem Ostseekurort Sopot und mit der Hafenstadt Gdynia zu einer Dreistadt verbunden – die beste Voraussetzung dafür, dass man sich in dieser Metropole niemals langweilt.

MARCO POLO Autorin
Katarzyna Tuszyńska
(siehe S. 126)

DANZIG

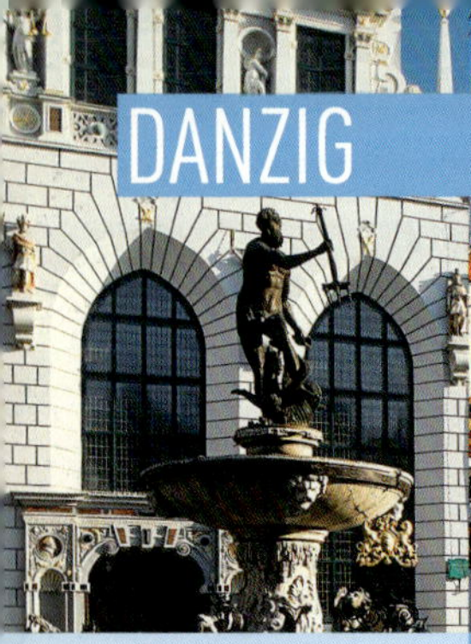

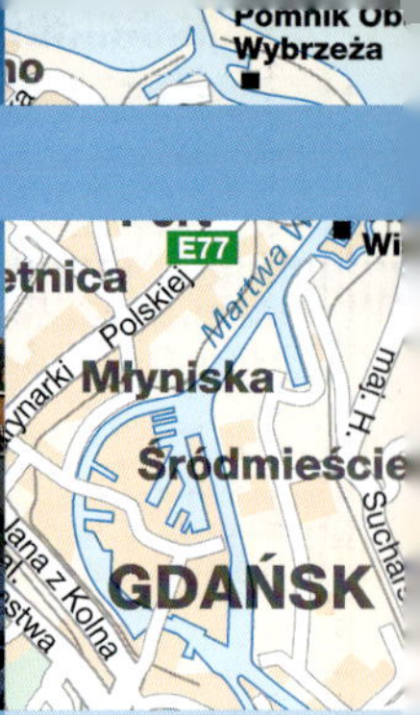

> SYMBOLE

Insider Tipp **MARCO POLO INSIDER-TIPPS**
Von unserer Autorin für Sie entdeckt

★ **MARCO POLO HIGHLIGHTS**
Alles, was Sie in Danzig kennen sollten

SCHÖNE AUSSICHT

WLAN-HOTSPOT

▶▶ **HIER TRIFFT SICH DIE SZENE**

> PREISKATEGORIEN

HOTELS
€€€ über 90 Euro
€€ 75–90 Euro
€ bis 75 Euro
Die Preise gelten für zwei Personen im Doppelzimmer (nicht immer mit Frühstück)

RESTAURANTS
€€€ über 25 Euro
€€ 15–25 Euro
€ bis 15 Euro
Die Preise gelten für ein Essen mit Vorspeise, Hauptgericht und Dessert

> KARTEN

[114 A1] Seitenzahlen und Koordinaten für c Cityatlas, die Sta teilpläne und die gebungskarte Da

[U A1] Koordinaten für c Plan auf der hint Umschlagklappe

Verkehrslinienplan in der hinteren Umschlagklappe

Zu Ihrer Orientierung sind auch die Objekte mit Koo naten versehen, die nicht Cityatlas eingetragen sind

INHALT

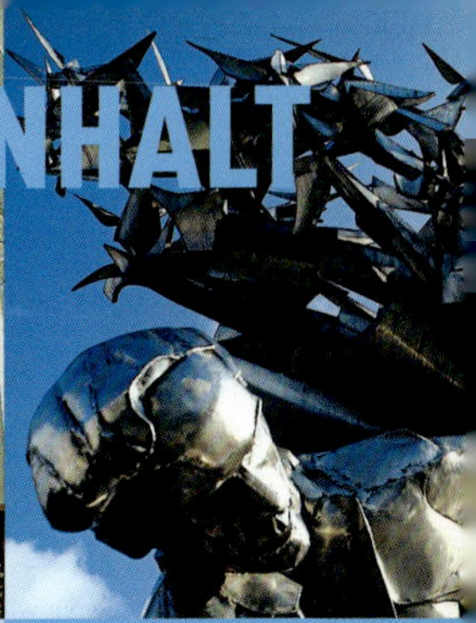

> SZENE

S. 12–15: Trends, Entdeckungen, Hotspots! Was wann wo in Danzig los ist, verrät der MARCO POLO Szeneautor vor Ort

> 24 STUNDEN

S. 94/95: Action pur und einmalige Erlebnisse in 24 Stunden! MARCO POLO hat für Sie einen außergewöhnlichen Tag in und um Danzig zusammengestellt

> LOW BUDGET

Viel erleben für wenig Geld! Die Low-Budget-Tipps zeigen Ihnen, wo Sie zu kleinen Preisen etwas Besonderes genießen und tolle Schnäppchen machen können:

Danzigs Museen montags besuchen S. 40 | Sonntags brunchen in der Brauerei S. 63 | Shoppen im Outlet Center S. 71 | Auf Gutscheine achten! S. 77 | Günstige Herbergen: Danzigs Hostels S. 87

> GUT ZU WISSEN

Richtig fit! S. 31 | Blogs & Podcasts S. 33 | Bücher & Filme S. 39 | Sport live erleben S. 47 | Entspannen & Genießen S. 53 | Gourmettempel S. 60 | Spezialitäten S. 64 | Luxushotels S. 84 | Was kostet wie viel? S. 104 | Währungsrechner S. 105 | Wetter S. 106 | Aussprache S. 108

AUF DEM TITEL

Die Sprüher von Danzig S. 13
Alte Vorstadt: Renaissance eines Viertels S. 49

ENTDECKEN SIE DANZIG!

Unsere Top 15 führen Sie an die interessantesten Orte und zu den wichtigsten Sehenswürdigkeiten

Die Highlights sind in der Karte auf dem hinteren Umschlag eingetragen

1 Baltic Sail
Tausende Matrosen, Seefahrer und Segelschiffe aus den Ostseestaaten. Ein buntes, maritimes Fest (Seite 20)

2 Frauengasse (ulica Mariacka)
Die schönste Straße der Rechtstadt verströmt immer noch das Flair des alten Danzig (Seite 28)

3 Krantor (Żuraw)
Vormals der größte Hafenkran der Welt, heute das wohl bekannteste Wahrzeichen der Stadt (Seite 34)

4 Lange Brücke (Długie Pobrzeże)
Wie Perlen an der Schnur reihen sich die gotischen Hafentore, Cafés, Hotels und Bernsteinjuweliere an der Mottlau-Promenade aneinander (Seite 34)

5 Langer Markt (Długi Targ)
Danzigs „Salon“: Zwischen berühmten Bauwerken und prächtigen Patrizierhäusern pulsiert das Leben (Seite 35)

6 Langgasse (ulica Długa)
Danzigs repräsentativste Straße mit wunderbar restaurierten Häusern, Cafés, Restaurants und feinen Läden (Seite 36)

7 Marienkirche (Kościół Mariacki)
78 m ist ihr Turm hoch, 30 m Höhe misst der Innenraum: die größte Backsteinkirche der Welt (Seite 37)

8 Rechtstädtisches Rathaus (Ratusz Głównego Miasta)
Der Rathausturm mit seinem Glockenspiel ist ein Wahrzeichen von Danzig. Drinnen tolle Ausstellungen (Seite 39)

> DIE BESTEN MARCO POLO HIGHLIGHTS

9 Polnische Post (Muzeum Poczty Polskiej)
Neben der Westerplatte das Symbol für den Beginn des Zweiten Weltkriegs und den polnischen Widerstand (Seite 48)

10 Nationalmuseum (Muzeum Narodowe)
Eine der wertvollsten musealen Sammlungen Polens, ihr größter Schatz ist das Triptychon „Das Jüngste Gericht" von Hans Memling (Seite 50)

11 Ehemalige Lenin-Werft (Stocznia Gdańska)
Der Solidarność-Platz mit den drei Kreuzen und dem historischen Werfttor Nr. 2, dazu eine Ausstellung, die den polnischen Freiheitskampf 1956–80 zeigt (Seite 51)

12 Villa Uphagena
Polnische Küche mit regionalen kaschubischen Einflüssen, serviert im stilvollen Restaurant eines Palais (Seite 60)

13 W Pałacu Opatów
Restaurant mit internationaler Küche im Barockschloss, im Sommer im Garten bei klassischer Musik (Seite 61)

14 Hotel Gdański
Das schicke Boutiquehotel beherbergt in seinem Keller die originelle Brauerei Brovarnia Gdańsk (Seite 81)

15 Dwór Oliwski
Edelhotel in einem rekonstruierten weißen Fachwerkhaus mit Reetdach auf einem Hof aus dem 17. Jh., mitten im Wald (Seite 84)

Danzig, vorn die Katharinenkirche

AUFTAKT

> Die Perle der Ostsee: Im Zweiten Weltkrieg zerstört und danach als Meisterstück polnischer Restauratorenkunst originalgetreu bis ins Detail wieder aufgebaut, zählt die Danziger Rechtstadt heute wieder zu den schönsten historischen Altstädten Europas – ein Gesamtkunstwerk aus prachtvollen Patrizierhäusern, beeindruckenden gotischen Kirchen und Toren, mit dem die alte Hansemetropole an der Mottlau mit ihrer tausendjährigen Geschichte Brücken schlägt zwischen Danzig und Gdańsk. Und ihre Besucher mit einer weltoffenen, liberalen Stimmung willkommen heißt – dem Geist der Freien Stadt.

> Danzig (Gdańsk) ist keine Stadt normaler Maßstäbe. Hier hat Weltgeschichte ihren Anfang genommen. Einmal, als im Morgengrauen des 1. September 1939 das deutsche Kriegsschiff „Schleswig-Holstein" die Westerplatte unter Beschuss nahm und damit den Zweiten Weltkrieg auslöste. Zuletzt, als 1980 ein kleiner, schnauzbärtiger Elektriker namens Lech Wałęsa während eines Streiks über die Mauer der Lenin-Werft kletterte und von dort aus als Anführer der Gewerkschaft Solidarność zuerst das polnische Regime und in dessen Folge das sowjetische Imperium zum Einsturz brachte.

Alles scheint Geschichte in dieser Stadt, die lange gebraucht hat, um mit der eigenen, oft verwirrenden Vergangenheit umzugehen. So blieb es einem Deutschen überlassen, Danzig auf geniale Art zu charakterisieren. Die Bücher von Günter Grass wurden mit großem Argwohn aufgenommen. Er stöberte hinter der blendenden Schönheit Danzigs und machte Weltliteratur daraus. Inzwischen wird der kantige Nobelpreisträger als großer Sohn der Stadt angenommen und bewundert, geehrt in der ulica Szeroka mit einer eigenen Galerie, in der zahlreiche Lithografien aus seiner Hand zu sehen sind.

> Alles atmet Geschichte in dieser Stadt

Es ist eine in eintausend Jahren erlernte Fähigkeit der Bewohner von Danzig, mit Veränderungen umzugehen, Neues in sich aufzunehmen und weiterzuentwickeln. Sie sind geprägt von einer Toleranz, die das Leben in einer blühenden Handelsstadt über Jahrhunderte bestimmte, in der Deutsche, Polen, Kaschuben und Einwanderer aus unzähligen Ländern wohnten. Diese Weltoffenheit trug reiche Früchte in Kultur, Wissenschaft und Kunst, die noch heute nicht nur in den

Auch das ist Danzig: Im grünen Stadtteil Oliwa liegt das noble Hotel Dwór Oliwski

Museen, Kirchen und Galerien der Stadt zu bewundern sind.

Seine Bedeutung als Handelsstadt hat Danzig nicht verloren. Noch immer siedeln sich Firmen wegen der günstigen Lage an der Ostsee an, unter denen neuerdings auch immer mehr Hightech-Unternehmen zu finden sind. Zugpferd des Arbeitsmarkts ist allerdings der Tourismus. Danzig ist wegen seiner Lage und der architektonischen Einzigartigkeit ein unverzichtbarer Bestandteil einer Reise durch Polen. Wer durch die Gassen flaniert, stößt auf das unübersehbare Erbe der Hanse. Die reich verzierten Bürgerhäuser und öffentlichen Gebäude im Stil des Danziger Manierismus verleihen der Stadt ihren liebenswerten Charme. Kaum zu glauben, dass Danzig nach dem Krieg fast völlig zerstört war. Wie die Stadt nach 1945 ausgesehen hat, lässt ein Blick auf die Speicherinsel erahnen,

wo noch heute von Pflanzen überwucherte Ruinen stehen – die Eigentümer der Grundstücke konnten sich bislang nicht über die Nutzung verständigen, und auf diese Weise ist ungewollt ein beeindruckendes Monument der Mahnung entstanden.

> Reich verzierte Bürgerhäuser verleihen Danzig seinen Charme

Nach der Zerstörung machten sich die Bewohner mit viel Liebe zum Detail daran, den größten Teil ihrer Stadt nach historischem Vorbild wieder aufzubauen. Ein Zeichen von Stolz und unerschütterlichem Selbstbewusstsein. Noch heute verströmt der Lange Markt das Flair früherer Jahrhunderte, als dort die wohlhabenden Danziger residierten. Inzwischen bemühen sich die Stadtväter nicht nur, die alten Häuser zu renovieren, sondern die noch immer klaffenden Lücken zwischen den Gebäuden mit Neubauten zu schließen. Dabei beweisen sie, dass moderne Architektur durchaus mit dem steinernen Erbe harmonieren kann.

In fast erschütterndem Kontrast zur herausgeputzten Rechtstadt stehen die Stadtteile, die in den 50er- und 60er-Jahren am Reißbrett entstanden und in aller Eile hochgezogen worden sind. Wohnungen mussten her für die Tausende Arbeiter, die jeden Tag auf der Lenin-Werft Schiffe zusammenschweißten. Zaspa ist so ein Viertel, Plattenbau reiht sich an Plattenbau. Doch auch diese vordergründige Hässlichkeit wird von der Kreativität der Menschen in Besitz genommen und zu einer kleinen, faszinierenden

Kulturlandschaft umformuliert. Viele Wände der Hochhäuser in dieser monotonen Siedlung sind mit gigantischen Wandmalereien versehen: spektakuläre Gemälde, furiose Farbmischungen. An dem Haus, in dem der legendäre Arbeiterführer und spätere polnische Präsident Lech Wałęsa einst wohnte, prangt ein riesiges, pixeliges Wałęsa-Antlitz: Je weiter man sich entfernt, desto deutlicher wird es. In Zaspa wohnen die Menschen in einer trostlosen Umgebung und doch inmitten eines großen, illegalen Freiluftmuseums.

> An einem Tag drei Welten erleben

Diese heimliche Lust, Autoritäten nicht ganz ernst zu nehmen, ihnen ein Schnippchen zu schlagen, scheinen die Menschen in Danzig in ihren Genen zu haben. Vor mehr als 1000 Jahren musste der böhmische Bischof Adalbert diesen rebellischen Wesenszug der Bewohner des Küstenstreifens mit dem Leben bezahlen. Der Gottesmann schipperte über die Danziger Bucht, stieg bei „Gyddanycz" vom Boot und begann, die Leute zu taufen. Nicht alle dankten ihm seinen missionarischen Eifer – schon bald wurde ihm der Kopf abgeschlagen. Sein Märtyrertod wurde später von einem Benediktinermönch beschrieben, und dieses Dokument gilt heute als „Geburtsurkunde" der Stadt.

Kein Wunder also, dass diese Stadt einen Revolutionär wie Lech Wałęsa hervorbrachte, der die Stirn hatte, sich gegen ein ganzes politisches System zu stellen. Nachdem er als Präsident Polens zu höchsten Ehren gekommen war, sank allerdings auch sein Stern beim Volk, das sich seiner Abneigung gegen Autoritäten erinnerte. Heute schimpfen die meisten Danziger über Wałęsa, er sei ein schlechter Staatsmann und ein miserabler Elektriker gewesen – stolz sind sie aber dennoch, dass einer von ihnen die ganz Mächtigen dieser Welt von ihren hohen Rössern gestoßen hat.

Fast tragisch mutet es an, dass nach dem Fall des Eisernen Vorhangs ausgerechnet der Lenin-Werft, der Keimzelle der Freiheitsbewegung, der Nährboden entzogen worden ist. Zu groß, zu schwerfällig, nicht überlebensfähig gegen die Konkurrenz aus Asien, lautete das Urteil der Konkursverwalter. Zuerst konnte sich kaum jemand die Stadt ohne ihre dominierende Werft vorstellen. Schließlich erkannten die Menschen aber, dass es keinen Sinn hat, sich gegen das Schicksal zu stemmen, und nahmen die Gestaltung der Zukunft mit beiden Händen in Angriff. Die Werft wurde aufgeteilt, verkauft, und auf einem Teil des Geländes soll ein neuer Stadtteil entstehen, mit Apartments, Einkaufszentren, Hotels. „Młode Miasto", junge Stadt, soll er heißen.

Ein paar Kilometer weiter nördlich in Gdingen (Gdynia), der kleinen, wenig schönen Schwester von Danzig, verschlossen die Menschen allzu lange ihre Augen vor dieser Entwicklung. Die Arbeiter streikten, trugen Transparente bis vor das Europaparlament in Straßburg, doch helfen konnte ihnen keiner. Wer soll diesen hart arbeitenden Leuten einen Vorwurf machen? Gdingen kann nicht mit seinen Pfunden wuchern. Kein schöner Stadtkern lockt Touristen, einzig der kilometerlange Strand ist im Sommer Ziel der Sonnenhungrigen. 500 m ragt er ins Meer, die längste Holzmole Europas – und natürlich auch die schönste. Es zählt zu den fast herrschaftlichen Genüssen, nach einem Strandspaziergang seinen Kaffee auf der Terrasse des stilvollen Grand

Langer Markt: Zu Füßen des Rechtstädtischen Rathauses prunkt der berühmte Neptunbrunnen

Hotels zu nehmen. Doch ehrgeizige Pläne für die Zukunft sind bereits geschmiedet. Wie die aussehen soll, davon zeugt das reichlich wuchtig geratene Sheraton-Hotel am Fuß der Mole. Es bietet alles für Touristen auf der Suche nach Fünf-Sterne-Luxus.

Nach Gdingen zieht es jene Besucher, die Danzig als zu geschichtsträchtig und Zoppot (Sopot) als zu snobistisch verspotten. Im Sommer ist der Ballermann-Faktor zwischen Strandbars und Discos nicht zu unterschätzen.

Zoppot, die dritte Stadt an der Küste, die zusammen mit Danzig und Gdingen die sogenannte Dreistadt (Trojmiasto) bildet, ist ein Seebad, das sich den mondänen Glanz früherer Tage zurückerobert. Dort flanieren die Schönen und Reichen auf dem berühmten Seesteg auf und ab. Über

Wer will, kann also mit Boot, Zug oder Auto in der Trojmiasto an einem Tag drei Welten erleben, die unterschiedlicher nicht sein könnten und doch auf ihre Weise zusammengehören. Auch das gehört zum Reiz einer Reise nach Danzig.

TREND GUIDE DANZIG

Die heißesten Entdeckungen und Hotspots!
Unser Szene-Scout zeigt Ihnen, was angesagt ist

Przemysław Diering
Der Businessman liebt seine Heimat nicht nur wegen der tollen Lage am Meer, sondern auch wegen ihrer Lebendigkeit. Die Dreistadt scheint nie stillzustehen. Vor allem Sopot hat es unserem Szene-Scout angetan. Mit Freunden zieht er gerne durch die Clubs der Stadt. Als Ausgleich zum stressigen Job hat sich Przemysław Diering dem Mountainbiken verschrieben.

JAZZ & MORE

Musikalische Experimente wagen

In Danzig wird gemischt, was nicht zusammenzugehören scheint: Elektro mit Ethno, Rock mit Trance. Das Ergebnis ist gewagt, aber nicht zu abgehoben. Die experimentellen Jazzer der Stadt bedienen sich vieler Musikrichtungen und entwickeln so einen neuen tanzbaren Stil, der ein junges Publikum anspricht. Vorreiter sind die Danziger *Pink Freud*, die auch regelmäßig Gastmusiker und DJs zu ihren Improvisationskonzerten einladen *(www.myspace.com/pinkfreudmusic)*. Eine Danziger New-Jazz-Größe ist Tymon Tymański mit seinem *Yass Ensemble (www.tymanski.com)*. Und der erste Club in der Dreistadt für Jazzkonzerte – und ein entspanntes Abendessen – ist der *Elephant Club (Długi Targ 41/42, www.elephant club.pl)*. Etwas wilder geht es im *Klub Muzyczny Ucho* (zu Deutsch: Ohrenclub) zu. Experimentelle Konzerte, Lichtinstallationen und Performances sorgen für die Rundumunterhaltung *(Św. Piotra 2, Gdynia, www.ucho.com.pl*, Foto*)*.

SZENE

MILCHBARS

Essen mit Tradition

In den Milchbars der Stadt kommt nicht etwa nur Milch auf den Tisch. In den traditionsreichen Lokalen wurden zu Sowjetzeiten die Arbeiter mit günstigem Essen versorgt. Aus den staatlich geförderten Restaurants sind jetzt geschätzte Traditionslokale geworden. Beinahe jeder Danziger hat seine eigene Stamm-Milchbar. Die *Bar Mleczny Syrena* gehört mit ihrer typisch polnischen Küche zu den besten der Stadt *(Grunwaldzka 71/73)*. Die Milchbar *Turystyczny* ist zwar keine Schönheit, die typisch polnische Küche aber gut, und die Preise sind unschlagbar *(Szeroka 8/10)*. Die Kantinen erfreuen sich in Danzigs Szene inzwischen so großer Beliebtheit, dass es sogar eine Internetseite zu Ehren der Milchbars gibt. Aufwendig designt, schwelgen die Kreativen dort in Resopaloptik-Nostalgie. Das Motto von *www.barmleczny.com* lautet: „Arbeite nicht, iss!"

KUNST MAL ANDERS

Neue Locations

Kunst ist nicht nur den Museen vorbehalten, Kunst gehört in den Alltag. Nach diesem Credo schaffen und genießen die Bewohner der Dreistadt Kreatives. Statt Graffitis zu verstecken, wird die Sprühkunst beim *International Graffiti Festival Graffest* im Frühsommer gefeiert. Verstecken ginge auch kaum: Teilweise sind die mit Schablonen erstellten Motive mehrere Stockwerke hoch *(www.graffest.pl)*. Witterungsbeständig sind auch die Werke der *Outdoor Gallery* und die der Avantgardekünstler von *PGR Art*. Immer wieder werden Unterführungen oder die Ladeflächen von LKWs in Kunstwerke verwandelt *(Pilotów 10/11, Locations unter www.laznia.pl, und www.pgr.art.pl)*. *Mariusz Waras* alias *M-City* ist ein Grafikdesigner, der lieber nicht im Studio aktiv ist, sondern in der Stadt. Seine Heimat ist Gdynia. Seine Kunstwerke sind allerdings über ganz Polen und darüber hinaus verstreut. In Danzig findet man seine Arbeiten u. a. auf Hausfassaden oder an Brückenpfeilern *(Locations unter www.m-city.org, Foto)*.

ABTAUCHEN

Auf der Suche nach dem Bernsteinzimmer

Unter der Meeresoberfläche hat Danzig noch mehr Sehenswürdigkeiten im Angebot. Segelschiffe aus dem 16. und 17. Jh. und moderne Tanker sind dort gesunken und mit ihnen angeblich auch das Bernsteinzimmer. Auf die Suche danach machen Sie sich am besten mithilfe des Tauchzentrums *Ticada (Janka Wiśniewskiego 26, Gdynia, www.ticada.pl)* oder der Profis der *Baltic Diving Company Explorers (Władysława IV 61, Gdynia, www.explorer.cnet.pl)*. Ganzjährig Einsteigerkurse bietet das *Tryton Center* an *(Pniewskiego 7/1, www.cn-tryton.pl)*.

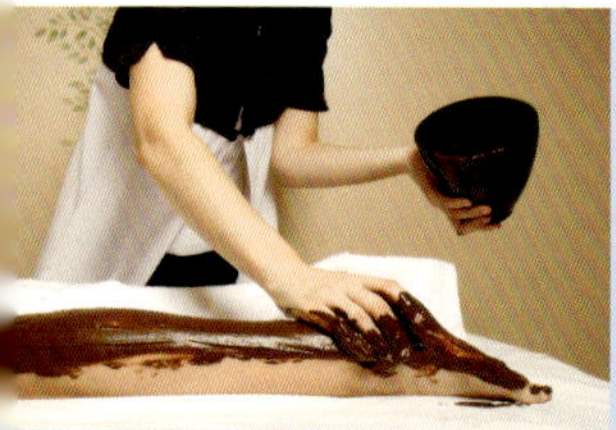

DAY SPAS

Schön und entspannt in nur einer Stunde

Großstädter haben wenig Zeit: Aus diesem Grund müssen Beautybehandlungen schnell gehen. Auf die individuellen Bedürfnisse hat sich das *Forum Day Spa* eingestellt. Gerade mal eine Stunde dauert die Schokoladenbehandlung *(J. J. Haffnera 4, Sopot, www.forumdayspa.pl)*. Auch im Day-Spa-Bereich im *Beauty Derm Spa* entspannen Wellnessfreunde gerade mal eine Stunde und bekommen dennoch das Rundum-Relax-Programm geboten *(Kapliczna 30, www.beautydermspa.pl)*. Sauna, Whirlpool oder Bernstein-Massage – im *Studio Relax* geht alles im Schnelldurchgang *(Grunwaldzka 244, www.studiorelax.gda.pl)*.

STRANDTAGE

Party pur an der Ostsee

Die Feierwelle ist bis nach Danzig geschwappt: In der Danziger Bucht findet jeden Sommer die größte Beachparty des Landes statt. Über mehrere Tage und mit mehreren Tausend Feiernden wird direkt am Strand von Gdynia gefeiert. Mit dabei sind internationale DJs wie Sander van Doorn und Mark Pledger *(Bulvar Nadmorski, Gdynia, www.beachparty.pl)*. Einer der beliebtesten Clubs für Beachboys und Bikinimädchen ist das *Cream Sopot* mit Loungesesseln und hervorragenden Cocktails *(Mamuszki 2, Sopot,* Foto*)*. Doch auch abseits des Strandes ist das Meer ganz nah. Zum Beispiel im *Barbados*. Pünktlich ab 17 Uhr wird die Bar zum coolen Karibik-Club *(Karmelicka 1, www.barbados.net.pl)*.

HISTORISCHE HERBERGEN

Schlafen wie anno dazumal

Danzig hat viel Geschichte zu bieten. Selbst im Schlaf können Besucher noch in die Vergangenheit eintauchen. Das klappt im *Gotyk House*. Das Hotel liegt in einem renovierten Gebäude aus dem 14. Jh. – Ritterrüstung inbegriffen *(Mariacka 1, www.gotykhouse.eu)*. In die jüngere Vergangenheit entführt die *Willa Lubicz*, die die Stimmung der 1930er-Jahre einfängt. Am stilechten Kamin kommt bei einem Glas Wein Nostalgie auf *(Orłowska 43, Gdynia, www.willalubicz.pl)*. Mit seinem Interieur erinnert das *Jantar* an die Zeit der Volksrepublik. Großen Luxus darf man in dem einfachen Hotel nicht erwarten – dafür aber eine ausgezeichnete Lage am Langen Markt *(Długi Targ 19)*.

KULTUR UND KOMMERZ

Von der No-go- zur Now-go-Area

Zuerst trauten sich nur die Künstler nach Wrzeszcz, dann folgten die preisbewussten Studenten, und jetzt will jeder in das aufstrebende Szeneviertel. Nirgends sonst in der Stadt gibt es solch eine Auswahl an coolen Bars, Clubs, Galerien und Boutiquen. Zum Start empfiehlt sich die „Studentenstraße" Do Studzienki. Bei Hausnummer 61 ist der *Club Studencki Mechanik* zu Hause. Partys, Filmvorführungen und DJs sorgen für ein cooles Großstadtprogramm *(www.mechanik.com.pl)*. Von dort geht es weiter in die Jaśkowa Dolina 14. Hinter der Adresse versteckt sich ein in Rot gehaltener Club gleichen Namens *(www.jaskowa14.pl)*. Auch an Kultur mangelt es in Wrzeszcz nicht. Einen Besuch wert ist *Kultura Miejska:* In einer stillgelegten Brauerei hat sich der Verein für Stadtkultur niedergelassen, um regelmäßig Kunstausstellungen und Diskussionen im Viertel zu veranstalten *(Kilińskiego 1, www.kulturamiejska.pl)*.

> BERNSTEIN, HANSE, MANIERISMUS

Einige wichtige Begriffe, denen Sie in Danzig immer wieder begegnen werden

BERNSTEIN

Bernstein (polnisch: *bursztyn*) nennt man auch „das Gold der Ostsee", und da Danzig nicht nur an derselben, sondern auch an der historischen Bernsteinstraße liegt, gibt es die „Baltischen Brillanten" hier überall zu kaufen. Was vor 40–70 Mio. Jahren als Harz von den Kiefern des Tertiärs tropfte, zeigt sich heute in vielen verschiedenen Varianten: klar oder undurchsichtig; in Gelb- und Brauntönen, aber auch in Weiß oder mit Einschluss eines Insekts. Das Meer spült die Bernsteine hoch, und mit Glück finden Sie einen am Strand.

GÜNTER GRASS

Günter Grass wurde am 16. Oktober 1927 in Danzig geboren. Das Geburtshaus des Schriftstellers und Literaturnobelpreisträgers von 1999

STICH WORTE

steht in der ulica Lelewela im Danziger Stadtteil Wrzeszcz (Langfuhr). In seinem bekanntesten Roman „Die Blechtrommel“ erzählt Grass die Geschichte von Oskar Matzerath vor, während und nach der Nazizeit, eines Jungen, der mit drei Jahren beschließt, nicht weiterzuwachsen. Danzig ist Schauplatz der Handlung. Auf dem Wybicki-Platz, in der Nähe des Geburtshauses von Grass, wurde vor wenigen Jahren eine Bank mit einer Oskar-Bronzestatue aufgestellt. In Danzig gibt es eine *Grass-Galerie (Ecke Szeroka/Grobla I | Di–So 11–17 Uhr | Eintritt frei | www.ggm.gda.pl)* sowie die Günter-Grass-Gesellschaft.

HANSE

Gegründet Mitte des 12. Jhs., war die Hanse ein loser Städtebund, der dem Schutz der wirtschaftlichen und kaufmännischen Interessen seiner Mitglieder diente. Gemeinsam konnte man seine Vorrechte gegenüber dem Ausland besser behaupten und stieg so zum mächtigsten Bündnis im Ostseeraum auf. Fast 200 Städte gehörten in ihrer Blütezeit zur Hanse, deren Hauptsitz ab 1356 Lübeck war. Danzig trat dem hanseatischen Bund 1361

Das Große Zeughaus ist ein besonders markantes Beispiel des niederländischen Manierismus

bei und wurde eine der reichsten und bedeutendsten Hansestädte. Als im 16./17. Jh. neue Handelswege erschlossen wurden, begann der Niedergang der Hanse, und 1669 fand ihre letzte Bundesversammlung statt.

„JUNGE STADT"

Auf 73 ha des ehemaligen Geländes der Lenin-Werft wird inmitten der verrotteten Industriearchitektur gebaut: vor allem Büros und Wohnungen für Besserverdienende direkt am Wasser, ein Imax-Kino, ein riesiges Einkaufszentrum, eine Promenade. Vorbild für die *Młode Miasto (Junge Stadt)* sind die Londoner Docklands und die Hafencity Hamburg. Im alten Gebäude der Werftleitung hat das *Europäische Zentrum der Solidarność (ECS)* seinen Sitz, es soll aber auf dem historisch so bedeutsamen Areal eine neue Adresse mit einem Museum bekommen.

LECH WAŁĘSA

Der polnische Nationalheld Lech Wałęsa, geboren am 29. Oktober 1943 in einem kleinen Dorf, ist weltweit zum Symbol für Danzig geworden. Er wurde 1983 mit dem Friedensnobelpreis ausgezeichnet und 1990 polnischer Staatspräsident. Mit dem berühmten Sprung über die Werftmauer im August 1980 setzte sich Wałęsa, damals Elektriker auf der Lenin-Werft in Danzig, an die Spitze einer Bewegung namens *Solidarność (Solidarität)*, die ganz Polen erfasste und aus der die erste unabhängige Gewerkschaft Polens entstand, als deren Gründer Wałęsa heute gilt. In einem harten, 14-tägigen Kampf setzten die Streikführer 21 Forderungen gegen die Regierung durch. Das war der erste Schritt im Kampf für Demokratie in Polen. Die Lenin-Werft war zu dieser Zeit wie eine Stadt in der Stadt organisiert mit bis zu 20000 Arbeitern. Heute arbeiten dort noch 2100, das Werftgelände hat sich halbiert.

MANIERISMUS UND BACKSTEINGOTIK

Giebel an Giebel säumen Patrizierhäuser die Straßen der Rechtstadt, vom Wohlstand ihrer Schöpfer kündend und vom Geist ihrer Zeit. Antike Skulpturen wechseln mit vergoldeten Gesimsen, spielerische Formen der Renaissance mit barocker Leichtigkeit. Die in Pracht und Prunk schwelgende Architektur ist ein Werk des 16. und 17. Jhs., als die Stadtrepublik zum Handelszentrum aufstieg. Reiche Kaufleute leisteten sich die besten Architekten ihrer Zeit, und die brachten aus ihrer niederländischen Heimat den Manierismus mit, eine fantasievolle Spielart der Spätrenaissance. Zwischen 1540 und 1650 entstanden so die schönsten Bauwerke Danzigs.

Doch jenseits der manieristischen Meisterwerke ist Danzig eine Stadt der Backsteingotik. Die Architektur der Hansezeit verbindet die Ostseemetropole mit ihren Schwestern im Westen, mit Lübeck, mit Stralsund, weithin sichtbar hier wie dort vor allem durch die Kirchen. So besitzt Danzig mit St. Marien die größte Backsteinkirche der Welt.

JAZZ, LYRIK & THEATER

Kulturelle Veranstaltungen stehen hoch im Kurs – doch auch Fans von Segel- und Kochkunst kommen nicht zu kurz

OFFIZIELLE FEIERTAGE

1. Januar *Neujahrstag;* **Ostersonntag; Ostermontag; 1. Mai** *Tag der Arbeit;* **3. Mai** *Jahrestag der Verfassung von 1791;* **Pfingstsonntag; Fronleichnam; 15. August** *Mariä Himmelfahrt;* **1. November** *Allerheiligen;* **11. November** *Jahrestag der Unabhängigkeit 1918;* **25./26. Dezember** *Weihnachten*

VERANSTALTUNGEN

Juni

Gdańsk Summer Festival: eine Reihe von Konzerten, die an Sommerwochenenden auf dem Plac Zebrań Ludowych in Danzig stattfinden. Das erste Konzert ist immer am ersten Juni-Wochenende.

▶▶ *Festiwal Dobrego Humoru:* Die letzten Junitage stehen ganz im Zeichen von guter Laune und Heiterkeit. Kabaretts, Karikaturausstellungen, Theatervorstellungen, dazu eine Gute-Laune-Parade und diverse Auftritte von Comedians und Komikern.

Waldtheater: eine Veranstaltungsreihe für klassische und ethnische Musik sowie für Poesie und Theatervorführungen. All das im wunderschönen Ambiente des Waldtheaters in der ulica Jaśkowa Dolina. Am ersten Juni-Wochenende geht es los.

Juli

★ *Baltic Sail*: Tausende Matrosen, Seefahrer und Segelschiffe u.a. aus Halmstad, Klaipėda, Karlskrona, Rostock und Lübeck besuchen im Juli vier Tage die Hansestadt Gdańsk. Bei einem bunten maritimen Programm kommen nicht nur Seebären auf ihre Kosten: zahlreiche Regatten, Schiffsparaden, Umzüge und Shanty-Konzerte. *www.balticsail.info*

▶▶ *Open-Air-Theaterfestival FETA:* Sieben Tage dauert dieses internationale Festival der Freilicht- und Straßentheater. Jedes Jahr treten mehr als 300 Künstler aus Europa und Übersee auf. Ein Muss nicht nur für Theaterfreunde.

★ *Dominiksmarkt*: Der Dominiks-Jahrmarkt ist die bekannteste Danziger Kulturveranstaltung und seit 1260 ein Fest der Kaufleute aus ganz Polen. Während des Jahrmarkts werden überall im Zen-

>EVENTS FESTE & MEHR

trum der Stadt riesige Zelte, Verkaufs- und Krämerstände aufgestellt. Die angereisten Händler bieten über zwei Wochen lang zwischen Ende Juli und Mitte August ihre Waren an und führen eine Tradition fort, die schon seit dem Mittelalter existiert. Drum herum gibt es zahlreiche Kulturveranstaltungen und jede Menge Livemusik.

August

▶▶ *Danziger Jazznächte:* drei Tage dauerndes internationales Jazzfestival, Hauptschauplatz ist die malerische Bühne der Waldoper in Sopot.

▶▶ *Festival der lyrischen Installationen:* Poesie in neuer, attraktiver Form! Bei diesem Festival wird die Dichtkunst um Musik- und Theatervorstellungen bereichert. Eine zauberhafte Mischung aus Lyrik und Klang.

Shakespeare Festival: Immer in der ersten Augustwoche findet das internationale Shakespeare-Festival statt. Künstler aus aller Welt präsentieren in Danzig und Umgebung Theater vom Feinsten.

September

Vilnius-Jahrmarkt: Im Zentrum von Danzig präsentiert Litauens Hauptstadt Vilnius am Monatsanfang drei Tage lang sich selbst und die litauische Kultur. Probieren Sie unbedingt die traditionellen litauischen Delikatessen.

Festival Pierogów: Maultaschen in Massen – da läuft einem das Wasser im Mund zusammen. Höhepunkt ist ein Wettkampf im Piroggen-Kleben. Viel Spaß und viele leckere Piroggen fürs Publikum.

Dezember

Danziger Heiligabend (Gdańska Wigilia): Traditionsgemäß wird der Heiligabend in Danzig unter freiem Himmel gefeiert. Die mit weißen Decken bedeckten Tische biegen sich unter der Menge der aufgetragenen Köstlichkeiten. Besonders schön ist übrigens der *Weihnachtsmarkt auf* dem Kohlenmarkt (Targ Węglowy). Insider Tipp

Jahreswende in Danzig: Auf ein Neues! Der Jahreswechsel wird mit einem großen Konzert und einer atemberaubenden Feuerwerksshow begangen.

> KÖNIGSWEG UND FRAUENGASSE

Danzig betört mit über tausendjähriger Geschichte, Renaissance-Schmuckgiebeln und der weltgrößten Backsteinkirche

> Prachtvolle Patrizierhäuser, Giebel an Giebel von Geist, Macht und Reichtum ihrer Schöpfer kündend, die terrassengesäumte, romantische Frauengasse, der Lange Markt mit seinem hanseatischen Artushof, Stadttore wie Triumphbögen, holländisch geprägter Manierismus neben italienischer Renaissance – und über allem St. Marien, der Welt größte Backsteinkirche: Danzig als ein Juwel der Ostseestädte zu bezeichnen, ist bestimmt nicht übertrieben.

Tag für Tag drängen Touristen vieler Herren Länder durch die Straßen und Gassen der historischen Rechtstadt, kultureller Mittelpunkt und geschichtlich gesehen auch ältester Teil der über tausendjährigen Stadt. Dabei ist wirklich alt hier kaum noch etwas. Wer zwischen Löwenschloss und Goldenem Tor die Architektur einer Metropole bewundert, die im 16. und 17. Jh. als mächtigste Stadt an der Ostsee galt, besichtigt ganz nebenbei

SEHENS WERTES

auch ein Meisterwerk polnischer Restauratorenkunst. Das geschichtsträchtige Zentrum der Hansestadt lag 1945 nahezu vollständig in Schutt und Asche. Es wurde nach alten Vorlagen akribisch und originalgetreu rekonstruiert – der größte Wiederaufbau eines historischen Stadtkerns in ganz Europa.

Mit knapp 460 000 Ew. ist Danzig die größte Metropole im Norden Polens. Die Innenstadt wirkt dennoch ziemlich überschaubar. Alles Sehenswerte in der großenteils verkehrsberuhigten Rechtstadt kann man bequem zu Fuß erreichen. Eine Stadtbesichtigung beginnen Sie am besten am Hohen Tor und folgen dann dem „Königsweg“ in Richtung Langer Markt. Von dort aus liegt alles nahe: das Krantor, die Marienkirche, die Hafenzeile an der Mottlau.

Ein Ort gehört unbedingt zu einem Danzig-Besuch, denn er hat Weltge-

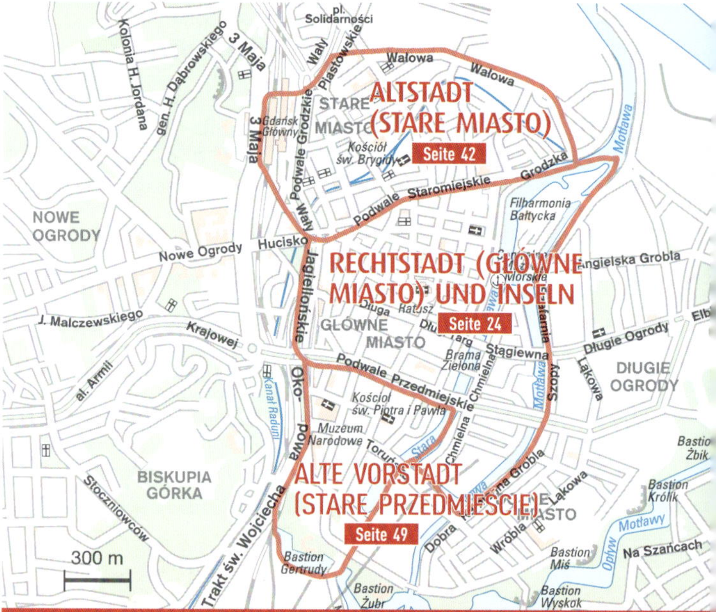

Die Karte zeigt die Einteilung der interessantesten Stadtviertel. Bei jedem Viertel finden Sie eine Detailkarte, in der alle beschriebenen Sehenswürdigkeiten mit einer Nummer verzeichnet sind

schichte geschrieben: die einstige Lenin-Werft. Im August 1980 erstreikten sich hier 16000 Werftarbeiter unter Führung des charismatischen Elektrikers Lech Wałęsa die Gründung der freien Gewerkschaft Solidarność. Es war der Anfang vom Ende des Sozialismus in Osteuropa.

RECHTSTADT (GŁÓWNE MIASTO) & INSELN

> Danzigs Pracht und Herrlichkeit. Hier reihen sich jene schönen Kaufmanns- und Bürgerhäuser aneinander, für die die alte Hansestadt berühmt ist, ihre filigranen Giebelfronten säumen verwinkelte Gässchen und den „Königsweg", auf dem einst die Majestäten in die Rechtstadt einzogen, durch das Hohe Tor weiter zum Langen Markt. Heute ist die Langgasse Danzigs Flaniermeile, ein Laufsteg zum Sehen und Gesehenwerden, täglich dicht bevölkert von Touristen und Einheimischen. Hier schlägt das Herz der Stadt. Straßenkünstler, Musiker und Pantomimen geben ihre Kunst zum Besten, in die Kontore der Patrizierhäuser sind Cafés und Restaurants eingezogen, ein bunter Mix aus Galerien, Souvenir- und Antiquitätenläden, nicht zu vergessen Danzigs berühmte Bernsteinjuweliere.

SEHENSWERTES

Die Rechtstadt ist Danzigs historischer Kern. Schon im 12. Jh. gab es hier eine Handelssiedlung, 1255 kamen die ersten Lübecker Kaufleute – und blieben. Der Name weist auf die „rechte", also die richtige Stadt hin, in Abgrenzung zur nördlichen – älteren – Altstadt, in der damals vor allem slawische Handwerker und Fischer lebten. Die Rechtstadt hingegen war von Beginn an den mächtigen deutschen Patrizierfamilien vorbehalten, den Bürgermeistern und reichen Ratsherren, den Zünften. Als Handelszentrum wuchs sie planmäßig um die Speicherviertel an der Mottlau, im für das Mittelalter typischen schachbrettartigen Muster, alle Hauptstraßen auf den Hafen ausgerichtet. 1343 verlieh der Deutsche Orden ihr das Stadtrecht. Keine 20 Jahre später trat die Danziger Rechtstadt der Hanse bei – und sollte in diesem europäischen Städtebündnis bald zur mächtigen Löwin aufsteigen.

Ihre eigentliche Blüte erfuhr die Rechtstadt aber erst nach 1450, als Danzig sich als „Freie Stadt" dem polnischen König unterstellte und dafür mit Zoll- und Handelsprivilegien belohnt wurde. In der Folge entstand, architektonisch beseelt von der Renaissance und ihrer Spielart, dem aus Holland importierten Manierismus, jenes Gesamtkunstwerk, das heute zu den schönsten Stadtensem-

MARCO POLO HIGHLIGHTS

★ **Frauengasse (ulica Mariacka)**
In der schönsten Straße der Rechtstadt lebt auch heute noch viel Altdanziger Flair (Seite 28)

★ **Krantor (Żuraw)**
Das Wahrzeichen der Stadt war einmal der größte Hafenkran der Welt (Seite 34)

★ **Lange Brücke (Długie Pobrzeże)**
An der Mottlaupromenade mit ihren Hafentoren ist viel Platz für Bernsteinhändler, Hotels und Cafés (Seite 34)

★ **Langer Markt (Długi Targ)**
Im „Salon von Danzig" pulsiert zwischen Rechtstädtischem Rathaus und Artushof das Leben (Seite 35)

★ **Langgasse (ulica Długa)**
Prächtige Patrizierhäuser säumen die repräsentativste Straße Danzigs – einst wie heute Teil des „Königswegs" (Seite 36)

★ **Marienkirche (Kościół Mariacki)**
Wie ein Fels überragt die weltgrößte Backsteinkirche die Altstadt (Seite 37)

★ **Rechtstädtisches Rathaus (Ratusz Głównego Miasta)**
Reich verzierter Renaissancebau mit filigranem Uhrenturm (Seite 39)

★ **Polnische Post (Muzeum Poczty Polskiej)**
Symbol für den polnischen Abwehrkampf im Zweiten Weltkrieg (Seite 48)

★ **Nationalmuseum (Muzeum Narodowe)**
Eines der wichtigsten und größten polnischen Museen (Seite 50)

★ **Ehemalige Lenin-Werft (Stocznia Gdańska)**
Polens „Wege zur Freiheit", multimedial dokumentiert (Seite 51)

bles Europas zählt. Auch wenn es „nur“ noch eine Rekonstruktion ist.

1 ARTUSHOF (DWÓR ARTUSA) [115 D4]
Hier tagte, tafelte und zechte einst die mächtige Gilde der Hansekaufleute, hielt Versammlungen und ihre ziemlich berüchtigten Biergelage ab. Mit seiner weißen Fassade und den drei markanten hohen Fenstern ragt der Palast der Kaufmannszunft aus den Giebelzeilen des Langen Markts heraus – es ist das größte und schönste Haus des Platzes. Die Geschichte des Artushofs reicht bis in die Zeit um

Vorm Artushof sprudelt der Neptunbrunnen

1350 zurück. Sein heutiges prachtvolles Aussehen bekam er aber erst 1617, als der flämische Architekt Abraham van den Blocke die Fassade im Stil des Manierismus umgestaltete. Die Renaissance zeigt sich jedoch noch: Antike Statuen zieren die Fensterfront, das Dach wird gekrönt von Fortuna, der Göttin des Glücks, und neben dem Haupteingang grüßt Merkur, Schutzpatron der reisenden Kaufleute. Die Medaillons über dem Sandsteinportal erinnern an die polnischen Könige Sigismund III. Wasa und seinen Nachfolger Władyslaw IV.

Im Lauf der Jahrhunderte musste der Prachtbau manchen Herren dienen, war Domizil diverser Geheimbünde und Bruderschaften, war auch Börse. Heute finden in seinem riesigen gewölbten Saal, dem schönsten von Danzig, Festivals und repräsentative staatliche Veranstaltungen statt. Günter Grass erhielt hier die Ehrenbürgerwürde. Prunkstück des Saals ist der 11 m hohe Kachelofen, erbaut 1545 von dem Töpfer Georg Stelzener. Jede der 520 Kacheln ist ein Original, handbemalt mit Wappen, Porträts europäischer Herrscher und allegorischen Motiven.

An den Artushof grenzt das historische *Schöffenhaus,* die sogenannte Danziger Diele. Hier tagte einst das Gericht der Freien Stadt. Heute gewährt das meisterlich restaurierte Innere einen Einblick in das Leben reicher Patrizier von einst. Inside Tipp

Und auf dem Langen Markt vor dem Artushof sprudelt eins der meistfotografierten Wahrzeichen Danzigs: der 1633 vollendete *Neptunbrunnen (fontanna Neptuna),* geschaffen nach einem Entwurf von Abraham van den

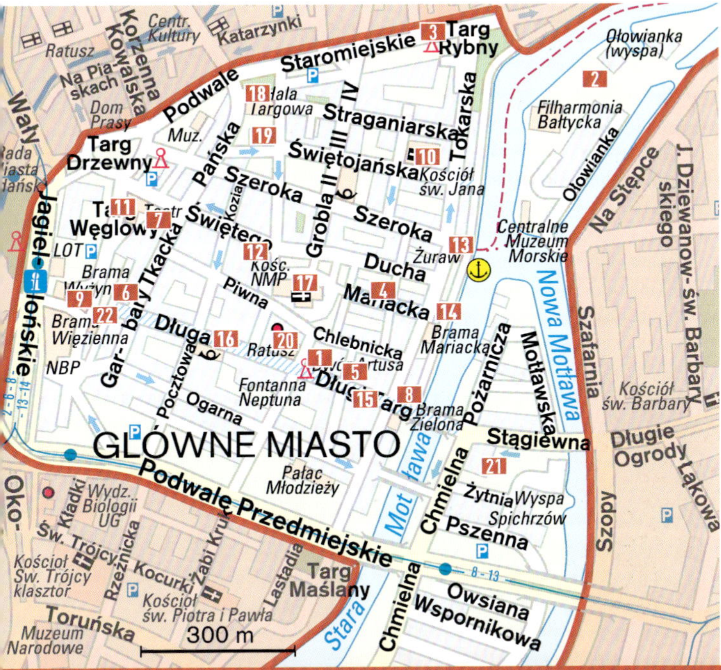

RECHTSTADT (GŁÓWNE MIASTO) & INSELN

1 Artushof
2 Bleihofinsel
3 Fischmarkt
4 Frauengasse
5 Goldenes Haus
6 Goldenes Tor & Georgshalle
7 Großes Zeughaus
8 Grünes Tor
9 Hohes Tor
10 Johanneskirche
11 Kohlenmarkt
12 Königliche Kapelle
13 Krantor
14 Lange Brücke
15 Langer Markt
16 Langgasse
17 Marienkirche
18 Markthalle
19 Nikolaikirche
20 Rechtstädtisches Rathaus
21 Speicherinsel
22 Stockturm & Peinkammer

Blocke. Hünenhaft reckt der bronzene Meeresgott des flämischen Bildhauers Peter Husen seinen Dreizack. So sahen sie sich wohl auch ganz gern, die alten Danziger Kaufleute: Der Brunnen sollte das Selbstverständnis der Stadt als Beherrscherin der Ostsee symbolisieren. *Długi Targ 43/46 | Mo 11–15, Di–Sa 10–18, So 11–18 Uhr | Eintritt 10 Zł. (Tickets für Artushof und Danziger Diele), Mo frei | www.mhmg.gda.pl/dwor.htm*

2 BLEIHOFINSEL (OŁOWIANKA) [115 E3]

Die nördliche und kleinere der beiden Mottlau-Inseln hat in den letzten

Jahren eine Veredelung erfahren. In einem alten umgebauten Elektrizitätswerk hat seit 2003 die *Baltische Philharmonie* ihren Sitz. Nebenan zog das Komforthotel Krolewski in den meisterhaft restaurierten *Königsspeicher* ein. Der 1621 erbaute Backsteinspeicher heißt so, weil hier einst das Getreide für den polnischen Hof gelagert wurde. Auch der neue *Yachthafen* hat zur Belebung der jahrzehntelang heruntergekommenen Insel beigetragen. Sehenswert für Besucher ist vor allem das *Zentrale Meeresmuseum (Centralne Muzeum Morskie),* das in drei historischen Speichern interessante Ausstellungen zeigt – unter anderem die von Unterwasserarchäologen gehobene Ladung einer 1627 gesunkenen schwedischen Karavelle. Zum Meeresmuseum gehört auch ein schwimmendes Exponat: der längsseits der Insel vertäute, 1947 vom Stapel gelaufene Frachter „Sołdek" *(Museum Juli–Aug. tgl. 10–18, Sept.–Nov. und April–Juni Di–So 10–16, Dez.–März Di–So 10–15 Uhr | Eintritt 8 Zł. inkl. „Sołdek" und Fähre, Kombiticket mit Krantor 18 Zł. | Ołowianka 9–13 | www.cmm.pl).*

Auf die Insel, die ihren Namen von einst hier gelagerten Buntmetallen hat, kommt man über die ul. Szafarnia oder mit einer kleinen Fähre, die für 1,50 Zł. beinahe im Minutentakt zwischen der Langen Brücke und dem Meeresmuseum pendelt.

3 FISCHMARKT (TARG RYBNY) [115 D3]

Flundern und Aale werden auf dem alten Fischmarkt am nördlichen Ende der Mottlau-Promenade schon lange nicht mehr feilgeboten. Nur einmal im Jahr darf der Platz nahe der Grenze zur Altstadt noch Markt sein: Immer zwei Wochen im Hochsommer, wenn Danzig das traditionelle Dominiksfest feiert, verwandelt sich der Fisch- in einen großen Antiquitätenmarkt – ein Paradies für Sammler und Trödelfreaks. Ob alte Möbel oder betagter Hausrat, Bücher oder Briefmarken: Im Angebot ist hier beinahe alles, was historisch ist oder so aussieht. Am Rand des Fischmarkts thronte ursprünglich auch die Burg des Deutschen Ordens. Aufgebrachte Rechtstädter stürmten und schleiften sie 1454, als die Freie Stadt sich mit polnischer Hilfe gegen die verhassten Mönchsritter erhob. Anstelle der Burg wurde zum Schutz des Platzes der backsteinerne *Schwanenturm* erbaut, der dort zusammen mit Resten der mittelalterlichen Stadtbefestigung heute noch steht.

Insider Tipp

Vom Mottlau-Kai am Fischmarkt legen heute Dampfer und Wassertaxis hinüber auf die Halbinsel Hel ab *(Abfahrt stdl. | Schiffslinie F1 | Preisbeispiel: an Wochenenden im Sommer 18 Zł. | Mottlau-Ufer/Baszta Łabędź | Tel. 662 15 73 40 | www.trojmiasto.pl/tramwajwodny.php).*

4 FRAUENGASSE (ULICA MARIACKA) ★ [115 D4]

Die Frauen- oder Mariengasse führt vom *Frauentor (Brama Mariacka)* zur Marienkirche und gilt für viele als schönste Straße der Rechtstadt. Und tatsächlich: Über ihrem Kopfsteinpflaster schwebt immer noch ein Hauch des alten Danzig. Nur hier sind die Kaufmannshäuser noch von terrassenartig erhöhten Vorbauten gesäumt – den berühmten Beischlägen.

In Mode gekommen ab dem 16. Jh. als Eingänge der zur Straße hin erweiterten Speicherkeller und ursprünglich auch als Hochwasserschutz, wurden die Beischläge nach und nach Statussymbole der reichen Kaufleute. Die Vorbauten wuchsen zu prachtvoll ausgeschmückten Veranden, auf denen man Geschäfte besprach, im Sommer mit der Familie speiste und dabei dem Treiben auf der Straße zusah. Heute bergen ihre Keller Kunsthandwerksläden, kleine Galerien und die exklusivsten, freilich auch teuersten Bernsteinwerkstätten der Stadt.

Die malerische Gasse diente schon oft als Filmkulisse. Auch Regisseur Franz Peter Wirth verlegte 1980 die Dreharbeiten der Romanverfilmung „Buddenbrooks" vom Originalschauplatz Lübeck hierher.

5 GOLDENES HAUS (ZŁOTA KAMIENICA) [115 D4]

An der Nordseite des Langen Markts unweit des Artushofs fällt in der Giebelzeile eine besonders reich verzierte Fassade auf. Es ist das Goldene Haus, das wohl schönste Palais der Danziger Rechtstadt, erbaut 1607–17 für den damaligen Bürgermeister Johann Speymann (und darum mitunter auch Speymannhaus genannt), der sich mit dem Bau selbst ein Denkmal setzen wollte. Die filigran gegliederte Fensterfront aus weißen Stuckornamenten, viel Blattgold und Basreliefs aus grünem Marmor ist ein Werk des flämischen Architekten Abraham van den Blocke, des Schöpfers vieler Danziger Prachtbauten. Er überzog die Prunkfassade mit allegorischen Tugendsymbolen, verewigte europäische Herrscher und römische Cäsa-

Frauengasse: Danzigs wohl schönste Straße diente schon oft als Filmkulisse

ren. Die Balustrade krönen vier Figuren aus der Antike: Antigone, Kleopatra, Ödipus und Achilles. So geriet das Gebäude zu einem architektonischen Gemälde ganz im Geist der Renaissance. *Długi Targ 41*

Von der Balustrade des Goldenen Tors schaut man auf Danzigs älteste Straße, die Langgasse

6 GOLDENES TOR UND GEORGSHALLE (ZŁOTA BRAMA I DWÓR ŚW. JERZEGO) [114 C4]

„Concordia res publicae parvae crescunt – discordia magnae concidunt" (Durch Eintracht werden kleine Staaten groß, an Zwietracht gehen die großen zugrunde): Mit solch moralischen Mahnungen wird begrüßt, wer durch das Goldene Tor die Danziger Rechtstadt betritt. Der präsentable westliche (Haupt-)Eingang und Beginn des „Königswegs" erinnert eher an ein römisches Palais als an ein Tor. Die Architekten Abraham van den Blocke und Jan Strakowski legten es 1612–14 im Stil eines Triumphbogens an. Die mit Säulen, Ornamenten und Rundbogenfenstern reich gegliederte zweigeschossige Fassade wirkt nicht nur leicht und elegant, sie steckt auch voller Symbolik, ganz im Geist der Verehrung der Antike. Die Balustrade etwa krönen je vier allegorische Figuren: Wer in die Stadt kommt, den begrüßen Freiheit und Frieden, Reichtum und Ruhm. Wer sie durch das Tor wieder verlässt, nimmt Weisheit und Gerechtigkeit, Frömmigkeit und Eintracht mit auf den Weg. Das Baudenkmal ist heute Sitz des Architektenverbands und nicht öffentlich zugänglich.

An das Goldene Tor grenzt ein auffälliger Backsteinbau – die 1494 erbaute, vom flämischen Manierismus geprägte *Georgshalle (Dwór Św. Jerzego),* wo sich lange der exklusivste Club Danzigs zu Versammlungen und Festen traf: die Mitte des 14. Jhs. gegründete St.-Georgs-Bruderschaft. Nicht einmal jeder reiche Patrizier hatte zu dieser Schützenzunft Zutritt. Auf dem Türmchen über der zinnengesäumten Balustrade thront der biblische Drachentöter. Heute wird die Georgshalle für Veranstaltungen und Ausstellungen genutzt.

7 GROSSES ZEUGHAUS (WIELKA ZBROJOWNIA) [114 C3]

Mit seiner üppig dekorierten Fassade, den Schmuckgiebeln und verzierten Beischlägen gilt das Zeughaus, wo die Jopengasse *(ul. Piwna)* in den Kohlenmarkt *(Targ Węglowy)* mündet, als Danzigs schönstes Beispiel des Manierismus, dieser nach Überhöhung strebenden, verspielten niederländischen Stilrichtung der Spätrenaissance. Anthonis van Obbergen, seinerzeit einer der berühmtesten Architekten Europas, entwarf den Prunkbau um 1600, ab 1609 diente er als Waffenarsenal. Inzwischen geht es hier friedlicher zu: Das Zeughaus beherbergt eine große Einkaufspassage und die Danziger Kunstakademie. Insider Tipp

8 GRÜNES TOR (ZIELONA BRAMA) [115 D4]

Hier endet der historische Königsweg. Das Grüne Tor – es hat seinen Namen vom ursprünglich grünen Sandstein seiner Fassade – schließt den Langen Markt nach Osten ab und öffnet zugleich einen Durchgang zur Mottlau. Über die *Grüne Brücke (Most Zielony)* kann man von hier aus zur Speicherinsel hinüberspazieren oder auf der Mottlau-Promenade bummeln.

Als der palastartige Renaissancebau 1564–68 entstand, war er noch als Herberge für den polnischen König gedacht. Doch Majestät zog andere Quartiere am Langen Markt vor. Danach stand im Tordurchgang mehrere Jahrhunderte die offizielle Waa-

> RICHTIG FIT!

Fitness, Joggen und Kajakfahren

Yoga, Powerbike, Powerpump, Aerobox, Aerobic, Stepaerobic – das sind nur einige der Betätigungsmöglichkeiten, die Sie im *Fitnessstudio Gymnasion* erwarten. Im Dachgeschoss des Einkaufszentrums GH Madison Gdańsk gibt es auf zwei Ebenen jede Menge Sportattraktionen. Dazu ein Gym mit Laufbändern, Fahrrädern und anderen Fitnessgeräten *(Mo–Fr 8–21, Sa 9–21, So 10–20 Uhr, ohne Anmeldung | Tagesticket 50 Zł. | Rajska 10* [114 C2] *| Tel. 587 66 74 62 | www.gymnasion.pl).* Wollen Sie lieber draußen Sport treiben? Zum Beispiel joggen, walken, skaten oder Rad fahren? Ideale Bedingungen dafür gibt es entlang der Danziger Bucht, und zwar ab dem Strand *Gdańsk-Brzeźno* bis nach Gdynia. Wer's etwas gemütlicher will: An der Mottlau kann man Tretboote und Kajaks mieten *(tgl. 10–18 Uhr | 10 Zł./Std., Mo–Fr 30 Zł./Tag, Sa u. So 40 Zł./Tag | Żabi Kruk 15* [114 C5] *| Tel. 583 05 73 10).*

ge, auf der jeder Kaufmann seine Waren wiegen musste, ehe er sie auf dem Markt verkaufen durfte. Heute ist das Grüne Tor ein begehrter Platz für Straßenmusikanten – der guten Akustik wegen, aber wohl auch, weil

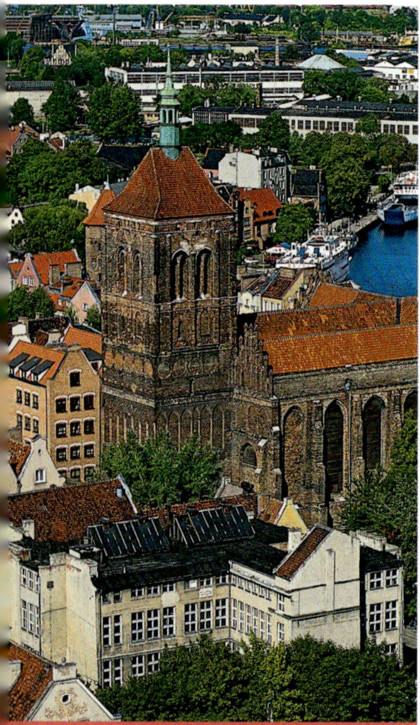

Johanneskirche: wuchtige Backsteingotik

sich Spiel und Gesang hier gut in klingende Münze umwandeln lassen.

Im zweiten Stock des Tors zeigt das *Polnische Nationalmuseum (Muzeum Narodowe)* regelmäßig interessante Sonderausstellungen. Eine Etage darüber hat der einstige polnische Staatspräsident Insider Tipp Lech Wałęsa sein Bürgerbüro. *Długi Targ 24*

9 HOHES TOR (BRAMA WYŻYNNA) [114 C4]

Das Hohe Tor markiert seit dem Mittelalter zusammen mit dem Stockturm und dem Goldenen Tor den westlichen Haupteingang in die Danziger Rechtstadt. Hier musste jeder hindurch, ob König, Kaufmann oder Taschendieb. Ursprünglich nur ein schlichtes, von tiefen Gräben gesäumtes äußeres Wehrtor, wurde es um 1585 vom flämischen Baumeister Willem van den Blocke zu einer Art Triumphbogen umgestaltet. Damals erhielt das Tor sein heutiges Aussehen und trägt seither in der Sandsteinfassade die Wappen jener drei Mächte, die das wechselvolle Schicksal der Stadt prägten: den polnischen Adler, das preußische Königswappen und das Wappen der Freien Stadt Danzig. *Targ Węglowy/Wały Jagiellońskie*

10 JOHANNESKIRCHE (KOŚCIOŁ ŚW. JANA) [115 D3]

Die spätgotische Johanneskirche, erbaut im 14. Jh. nahe dem gleichnamigen Stadttor *(Brama Świętojańska),* führte viele Jahre ein Schattendasein. Im Krieg schwer zerstört, blieb von der einst kostbaren Ausstattung nur der 12 m hohe Renaissance-Altar erhalten. Eine Sanierung der Kirche ist seit Langem geplant – allerdings wird sie kompliziert, vor allem des sumpfigen Untergrunds wegen. Teile der Chorwand sind bereits abgesackt. Die Johanneskirche war daher auch lange für Besucher nicht zugänglich. Doch inzwischen macht das fast leere Gotteshaus wieder von sich reden – vor allem mit spannenden Kunstausstellungen und Konzerten, die Propst

Krzysztof Niedałtowski organisiert. Der kulturbegeisterte Pfarrer zelebriert an jedem Sonntag eine heilige Messe für Künstler, seine bewegenden Predigten ziehen inzwischen eine große Gemeinde an. *Świętojańska 50*

Insider Tipp

11 KOHLENMARKT (TARG WĘGLOWY) [114 C3]

Der einstige Kohlenmarkt, im Mittelalter einer der bedeutendsten Warenumschlagplätze Danzigs, bietet sich heute vor allem als Ausgangspunkt für einen Stadtbummel an. An seinem Rand steht seit 1912 das Stadttheater *Teatr Wybrzeże*. Im Sommer gibt es hier oft Konzerte und Märkte. Die restliche Zeit über ist der Kohlenmarkt vor allem eins: einer der größten Parkplätze der Altstadt. Wochentags zwischen 9 und 17 Uhr sollten Sie für Ihr Auto unbedingt einen Parkschein lösen *(1 Std. 3 Zł., ab 2. Std. Staffelpreise)*. Werden Sie ohne Ticket in der Altstadt erwischt, drohen Strafen bis zu 500 Zł. (125 Euro)!

12 KÖNIGLICHE KAPELLE (KAPLICA KRÓLEWSKA) [115 D3]

Mit ihren spielerischen barocken Formen, Kuppeln und Balustraden und der kräftigen Ockerfarbe fällt die Königliche Kapelle einigermaßen aus dem Rahmen: Welch ein Kontrast zur strengen (deutschen) Backsteingotik! Das war durchaus beabsichtigt. Erbaut 1678–81 zur Erinnerung an einen Besuch des polnischen Königs Jan III. Sobieski, sollte die Kapelle ein katholisches Gegenstück zur pro-

> BLOGS & PODCASTS

Gute Tagebücher und Files im Internet

- > *www.danzig-online.pl/index3.html* – Stadtgeschichte, alte Karten und Postkarten, interessante Links
- > *www.danzig.org* – Die Geschichte der Stadt Danzig mit besonderer Betonung der Freien Stadt
- > *www.polskieradio.pl/zagranica/de* – Infos und Podcasts über Polen, darunter auch über und aus Danzig
- > *www.forum.danzig.de* – Diskussionsforum für Danziger, Freunde der Stadt und in der Stadt lebende Ausländer. Viele Infos über die alte Hansestadt, dazu News über die Kultur und die Einwohner der Stadt
- > *www.forum.dawnygdansk.pl* – Es gibt sowohl thematische als auch allgemeine Diskussionsgruppen. Hier werden alte Fotos und Filme über Danzig verkauft oder ausgetauscht. Englischkenntnisse reichen meistens
- > *www.ostsee-urlaub-polen.de/gdansk* – Die Danziger Sehenswürdigkeiten, detailliert beschrieben
- > *www.polen-digital.de/danzig* – Danzig-News, Reisetipps und Reiseberichte, Last-Minute-Angebote, Tickets und Hotels
- > *http://szlaga.com* – Hier können Sie sich schöne Bilder von Danzig anschauen und auch kaufen. Der junge Fotograf Michał Szlaga bietet auch Porträts bekannter Politiker, Sportler und VIPs

Für den Inhalt der Blogs & Podcasts übernimmt die MARCO POLO Redaktion keine Verantwortung.

testantischen Dominanz in der Rechtstadt schaffen. Die Königliche Kapelle, ein Entwurf des polnischen Hofarchitekten Tylman van Gameren und des berühmten Bildhauers Andreas Schlüter, prägt heute als einzige Barockkirche Danzigs die Heiliggeiststraße. *Św. Ducha 58*

13 KRANTOR (ŻURAW) ★ [115 D3]

Eine elegante Schönheit ist es nicht gerade, Danzigs bekanntestes Wahrzeichen. Von wegen Renaissance und Patrizierpracht: Eher an eine grimmige Wehrburg erinnernd als an eine Hebekonstruktion, ragt das Krantor dunkel aus der bunten Häuserzeile längs der Mottlaupromenade heraus. In seiner bis heute erhaltenen Form mit den zwei wuchtigen backsteinernen Rundtürmen (die gleichzeitig der Verteidigung des Hafens dienten) und dem markanten hölzernen Zwischenbau wurde es 1444 vollendet. Der damals größte Hafenkran der Welt diente nicht nur zum Be- und Entladen der Schiffe, auch die Masten der Großsegler wurden damit gestellt. Im Inneren sind noch die beiden mehr als 6 m durchmessenden Treträder zu bestaunen, mit denen vorzugsweise Sträflinge Lasten von bis zu 4 t etwa 11 m hochhievten.

Heute gehört das mittelalterliche Industriedenkmal zum *Zentralen Meeresmuseum (Centralne Muzeum Morskie)*, das sich über verschiedene historische Bauwerke erstreckt und seinen Hauptsitz auf der Bleihofinsel gegenüber hat. Die sehenswerte Ausstellung im Krantor zeigt das Leben in der mittelalterlichen Hafenstadt Danzig *(Juli–Aug. tgl. 10–18, Sept. bis Nov. u. April–Juni Di–So 10.30 bis 16.30, Dez.–März Di–So 10.30 bis 15.30 Uhr | Eintritt 8 Zł. inkl. Fähre, Kombiticket mit Meeresmuseum 18 Zł. | Ołowianka 9–13 | www.cmm.pl).*

14 LANGE BRÜCKE (DŁUGIE POBRZEŻE) ★ [115 D3–4]

Der Name führt etwas in die Irre, denn eigentlich ist die „Brücke" ein langer Hafenkai. Sie reicht vom Grünen Tor an der Mottlau bis zum alten Fischmarkt – eine beliebte, an schönen Sommernachmittagen manchmal bis an die Spaßgrenze bevölkerte Amüsiermeile. Längs des Kais liegen wie an einer Perlenschnur die imposanten Danziger Hafentore: das *Heiliggeisttor (Brama Św. Ducha)* und das berühmte *Krantor,* das *Brotbänkentor (Brama Chlebnicka),* wo in der gleichnamigen Gasse im Mittelalter die Bäckerzunft ihre Waren feilbot,

und das *Frauentor (Brama Mariacka)* aus dem 14. Jh., ältestes Tor der Rechtstadt. In seinem Schatten zeigt etwas versteckt das in zwei Kaufmannshäusern eingerichtete *Archäologische Museum* interessante Funde aus Danzigs Frühgeschichte *(Muzeum Archeologiczne | Di–So 10–16 Uhr | Eintritt 6 Zł., Sa frei | Mariacka 26)*.

Jahrhundertelang war die Lange Brücke das wirtschaftliche Herz der Stadt. Hier legten im Mittelalter die großen Karavellen und Handelsschiffe der Hansekaufleute an, schlugen Waren aus ganz Europa um. Die Fracht wurde gegenüber auf der Speicherinsel gelagert. Alles längst Geschichte. Heute prägen die Ausflugsdampfer der *Weißen Flotte* das Bild, legen vom Mottlau-Kai aus zu Rundfahrten durch den Hafen zur Westerplatte und (vom Anleger am Fischmarkt) hinüber auf die Halbinsel Hel ab *(Juli u. Aug. tgl. 10–19 Uhr jede volle Std., April–Juni u. Sept. bis Nov. 10–14 Uhr alle 2 Std. | Ticket 45 Zł. hin und zurück, Fahrrad 15 Zł. | Tel. 583 01 49 26 | www.zegluga.pl)*.

15 LANGER MARKT (DŁUGI TARG) ★ [115 D4]

Die Hauptstraße der Rechtstadt, die Langgasse, geht nahe der Mottlau in den Langen Markt über. Hier stehen die berühmtesten Bauwerke des historischen Danzig so kunstvoll restauriert beieinander, als seien sie nie zerstört worden: das Rechtstädtische Rathaus, der Artushof mit dem Neptunbrunnen, das Grüne Tor. Kaufmanns- und Bürgerhäuser, ein Giebel prächtiger als der andere, umrahmen den als Hauptmarktplatz der Rechtstadt im 14. Jh. angelegten, lang ge-

Eines von Danzigs Wahrzeichen: Das wuchtige Krantor beherrscht den Hafenkai an der Mottlau

streckten Platz. Im „Salon von Danzig“ pulsiert das Leben. Und der Tourismus – vor allem im Sommer. Wo immer Platz ist, laden dann Straßencafés zum Genießen des Tags und der besonderen Atmosphäre des Orts ein. Hier werden die großen Stadtfeste gefeiert, und während des Dominik-Jahrmarkts im Sommer verwandelt sich der Lange Markt in eine große Unterhaltungsbühne.

16 LANGGASSE (ULICA DŁUGA) ★ [114–115 C–D4]

Hinter dem Goldenen Tor beginnt die älteste und berühmteste Straße Danzigs, seit jeher Magistrale der Rechtstadt, „Königsweg“ und Boulevard kaufmännischer Macht: die Langgasse. Einen halben Kilometer verläuft sie fast schnurgerade in ost-westlicher Richtung, geht schließlich in den Langen Markt über, wo hinter dem Grünen Tor einst die Handelsschiffe anlegten. Giebel an Giebel säumen die Häuser der reichen Patrizierfamilien die Straße, fast jedes Haus ist eine Sehenswürdigkeit für sich, mit eigenem Schicksal. Die Geschichte der Langgasse reicht bis ins Mittelalter zurück, doch die meisten der Schaufassaden entstanden in der Epoche der Renaissance, dem Goldenen Zeitalter der Handelsstadt Danzig. Und sie entstanden noch einmal neu, originalgetreu und meisterhaft rekonstruiert nach dem Krieg. Heute kann man sich kaum noch vorstellen, dass hier 1945 alles bis auf die Grundmauern in Schutt und Asche lag.

Eines der typischen und schönsten Patrizierhäuser der Langgasse ist das *Ferberhaus (Nr. 28)*. Die Familie Ferber zählte fast 300 Jahre lang zu den einflussreichsten Dynastien der Rechtstadt, stellte allein sechs Bürgermeister. Einer von ihnen, Konstantin Ferber, ließ das Haus 1560 im Stil der italienischen Renaissance erbauen. Heute lädt im Ferberhaus ein

Langer Markt: Links strahlt der Artushof, drei Häuser weiter glänzt das schlanke Goldene Haus

gemütliches Café mit Biergarten zum Verweilen ein. Sehenswert ist auch das *Zierenberghaus (Nr. 29)* mit seiner barocken Fassade. Zwei steinerne Löwen, die das pilastergegliederte Portal bewachen, verhalfen dem *Löwenschloss (Lwi Zamek, Nr. 35)* zu seinem Namen. Hier residierte der polnische König Władyslaw IV., als er 1636 Danzig besuchte. Ein Stück weiter fällt rechts ein mit antiken Statuen verzierter Renaissancebau auf. Hier lebte die Familie des Komponisten Robert Schumann. Heute ist im *Schumannhaus (Nr. 45)* ein Büro des Tourismusverbands PTTK untergebracht.

Das wohl berühmteste Patrizierpalais in der Langgasse ist das *Uphagenhaus (Nr. 12)*. Die Fassade des 1776 erbauten Hauses vereint Stilelemente von Rokoko und Frühklassizismus. Es gehörte einst dem flämischen Ratsherrn Johann Uphagen und beherbergt heute das *Museum der bürgerlichen Wohnkultur,* in dem sich anhand von viel Originalinterieur (es war während des Kriegs ausgelagert und überstand so die Bombenangriffe) in authentisch eingerichteten Räumen – vom asiatisch inspirierten Teezimmer bis zum Musiksalon – nachempfinden lässt, wie eine reiche Patrizierfamilie zur Zeit des Rokoko lebte. *Di–Sa 10.30–15, So 11–16 Uhr | Eintritt 10 Zł., Di frei | www.mhmg.gda.pl*

17 MARIENKIRCHE (KOŚCIÓŁ MARIACKI) ★ [115 D4]

Wie für die Ewigkeit gebaut, erhebt sich die größte Backsteinkirche der Welt hinter dem Rathaus über der Rechtstadt. Mit ihrem 82 m hohen kantigen Hauptturm und den schlanken Filialtürmchen auf den gotischen Schmuckgiebeln von Querschiff und Langhaus überragt St. Marien das Häusermeer und lässt an den biblischen Fels in der Brandung denken. So haben sich die reichen Danziger Patrizier das wohl auch vorgestellt, als sie den Bau der Kirche stifteten. Doch sie mussten sich gedulden: 159 Jahre vergingen von der Grundsteinlegung 1434 bis zur Weihe.

25 000 Menschen finden Platz in der 105 m langen und 66 m breiten dreischiffigen Hallenkirche, deren überwältigender Raumeindruck durch filigrane Netz- und Sterngewölbe, den weiß ausgemalten, 30 m hohen Innenraum und das durch 37 haushohe Fenster einfallende Licht magisch verstärkt wird. Der größte Teil der kostbaren Innenausstattung ging im Krieg verloren. Zu den erhaltenen Schätzen gehören über 500 Grabplatten und Epitaphe der hier bestatteten

Herausragend: die Sterngewölbe in den Seitenschiffen der Marienkirche

Kaufleute, der spätgotische dreiflügelige Hauptaltar (1471) aus der Werkstatt des aus Augsburg stammenden Meisters Michael und die Danziger „Schöne Madonna“ aus dem 15. Jh. in der Annenkapelle. Neben dem Hauptportal in der Reinhardskapelle hängt ein weltberühmtes Bild: „Das Jüngste Gericht“ von Hans Memling. Das Gemälde in der Kirche ist allerdings nur eine Kopie. Das Original hängt im Nationalmuseum *(Muzeum Narodowe)*.

Einer der kostbarsten Schätze der Marienkirche ist die *Astronomische Uhr.* Das 12 m hohe Instrument aus dem Jahr 1470 besitzt ein kompliziertes Kalendarium und eine Himmelsscheibe. Täglich um 12 Uhr setzt sich das Figurenspiel in Bewegung. Dann zeigt die filigrane Feinmechanik, was in ihr steckt. Um den Uhrmachermeister Hans Düringer zu hindern, so ein Kunstwerk auch für eine andere Stadt zu bauen, ließen die Danziger Ratsherren ihn angeblich blenden. Doch das ist nur eine der vielen Geschichten, die sich um die Marienkirche ranken. Das gewaltige Gotteshaus ist eine wahre Schatzgrube für Mythen und Legenden.

Unbedingt zu empfehlen ist der Aufstieg auf den Turm. Es sind über 400 Stufen, doch es lohnt die Mühe: Von der Aussichtsgalerie liegt Ihnen Danzig zu Füßen.

18 MARKTHALLE (HALA TARGOWA) [115 D3]

„Dominikhalle“ nennen die Danziger die 1896 im neugotischen Stil erbaute Markthalle auch. Der Name erinnert an das mittelalterliche Dominikanerkloster, das hier einst stand und von dem nur die Nikolaikirche gegenüber übrig geblieben ist. Unter der breit gewölbten, von Ziertürmchen bekrönten Dachkonstruktion wurde schon immer mit allem gehandelt, was man zum täglichen Leben so braucht. Seit nach umfassender Sanierung ein modernes Einkaufszentrum einzog, hat die Markthalle allerdings viel von ihrem ursprünglichen

Charakter verloren. Die einst basarhafte Atmosphäre lebt am ehesten noch ringsum auf der Straße, wo Händler und Rentner an ihren Ständen je nach Jahreszeit Erdbeeren, Blumen, Pilze und Honig feilbieten. Viele vor allem alte Leute, machen das nicht aus „Ökoromantik", sondern aus Armut. Ihre Renten reichen kaum zum Leben. *Pl. Dominikański 1*

19 NIKOLAIKIRCHE (KOSCIÓŁ ŚW. MIKOŁAJA) [115 D3]

Wie durch ein Wunder hat die gotische Nikolaikirche in der ulica Świętojańska den Krieg ohne Zerstörungen überstanden. Der älteste Sakralbau Danzigs aus dem frühen 13. Jh. war ab 1227 Teil eines Dominikanerklosters und hat seine kostbare Ausstattung deshalb bewahrt. Äußerlich eher schlicht, überrascht St. Nikolai innen mit einem wundervollen vergoldeten Hochaltar und barockem Chorgestühl. Wertvollster Schatz ist eine mittelalterliche Marienikone. Sie stammt allerdings aus Lemberg und wurde 1945 von Dominikanern nach Danzig gerettet. Bekannt ist die Nikolaikirche für ihre Chor- und Orgelkonzerte *(So ab 11.30 Uhr)*. Insider Tipp

20 RECHTSTÄDTISCHES RATHAUS (RATUSZ GŁÓWNEGO MIASTA) ★ [115 D4]

Wo die Langgasse in den Langen Markt mündet, zieht ein reich verzierter Renaissancebau die Blicke auf sich: das Rechtstädtische Rathaus mit

> BÜCHER & FILME

Eine Stadt und ihre Geschichte

- **Die Blechtrommel** – Günter Grass beschreibt in seinem Roman (1959) das Leben des Jungen Oskar Matzerath, der Anfang der 20er-Jahre in Danzig lebt. Zusammen mit „Katz und Maus" und „Hundejahre" bildet dieser Roman, den Volker Schlöndorff 1979 kongenial verfilmte, die sogenannte Danziger Trilogie, in der Grass die Kriegs- und Nachkriegszeit in Danzig beschreibt.
- **Tod in Danzig** – Das Schicksal eines deutschen Anatomieprofessors und der Alltag in Danzig in der Nachkriegszeit, beschrieben von Stefan Chwin (1995).
- **Im Krebsgang** – Die Novelle von Günter Grass (2002) beschreibt die Tragödie der „Wilhelm Gustloff", die 1945 mit über 9000 Flüchtlingen an Bord von einem sowjetischen U-Boot versenkt wurde. Fiktion und reale Ereignisse vermischen sich.
- **Strajk – Die Heldin von Danzig** – Anna Walentynowicz gehörte 1980 zu den Gründungsmitgliedern der Solidarność. Anders als Lech Wałęsa war die Kranführerin im Ausland unbekannt. Das änderte Volker Schlöndorffs Film mit Katharina Thalbach (2006).
- **Weiser Dawidek** – Der Romanprotagonist, ein 13-jähriger Jude, verschwindet auf geheimnisvolle Weise. Die Handlung spielt 1957 in Danzig. Durch diesen Roman (1989) wurde Paweł Hülle weltweit bekannt.
- **Wie ich Hitler Beine machte** – Dieter Schenk stellt eine Danzigerin vor, die in den 40er-Jahren im Widerstand gegen die Nazis war (2004).

seinem 82 m hohen, filigran gestaffelten Uhrenturm, dessen Spitze eine vergoldete Statue von König Sigismund August II. krönt. Wegen der architektonischen Pracht der Innenausstattung wird es oft mit dem Dogenpalast von Venedig verglichen. Ursprünglich um 1330 im gotischen Stil erbaut, ließen die Stadtväter das Rathaus nach einem Brand 1556 in der Formensprache der flämischen Renaissance umgestalten und verpflichteten dazu drei der damals berühmtesten Architekten und Künstler Europas: Anthonis van Obbergen, Isaak van den Blocke und Willem van der Meer. Die Schmuckfassade hat im Lauf der Jahrhunderte ihr Aussehen immer wieder gewandelt. Das üppige Hauptportal etwa ist ein Werk des Spätbarocks.

Das nach alten Vorlagen originalgetreu restaurierte Innere birgt seit 1973 das *Museum für Stadtgeschichte*. Besonders sehenswert ist die Ausstellung „Danzig – Zerstörung und Wiederaufbau". Der beeindruckende große Ratssaal, wegen der damastbespannten Wände auch „Roter Saal" genannt, schwelgt in manieristischer Pracht. Allein der bis zur Decke reichende Prunkkamin von 1593 mit dem von zwei Löwen gehaltenen Danziger Wappen ist ein Kunstwerk für sich. Die Decke des Saals zieren 25 Gemälde mit biblischen und allegorisch-antiken Motiven *(Muzeum Historyczne Miasta Gdańska | Di–So 10–16 Uhr | Eintritt 10 Zł. | Długa 47 | www.mhmg.pl)*.

Im Rathausturm hängt seit 1561 ein Glockenspiel, dessen 14 Glocken im Jahr 2000 um 23 weitere ergänzt wurden. Es erklingt zu jeder vollen Stunde, besonders schön und lange um 12 Uhr mittags. Und wem die Marienkirche zu hoch erscheint: Auch auf dem Rathaus der Rechtstadt gibt es eine Aussichtsplattform für einen schönen Blick auf die Stadt bis hinüber zur Ostsee.

Insider Tipp

>LOW BUDGET

- Bei manchen staatlichen Museen ist montags der Eintritt frei.
- Für nur 12 Zł. für 4 Std. können Sie sich den *Audio Guide Gdańsk* ausleihen. Mit Kopfhörer ausgestattet, besichtigen Sie Danzig in Ihrem Tempo und ganz nach Belieben. Zur Wahl stehen 24 Besichtigungstouren, elf Attraktionen der Stadt sowie zwei Touren zu ihrer Geschichte. Für Paare und an Wochenenden gibt es oft besondere Angebote. Verkaufsstelle: *Touristisches Informationszentrum (Centrum Informacji Turystycznej) | Długi Targ 28–29* **[115 D4]** | *Tel. 583 01 43 55 u. 586 83 54 85 | www.audioguide.com.pl*

21 SPEICHERINSEL (WYSPA SPICHRZÓW) [115 D–E4–5]

Seit Jahren gibt es Pläne, die Speicherinsel in der Mottlau südlich des Bleihofs wieder aufzubauen. Bislang ist es bei den Plänen geblieben. Nur einige wenige Bauten nahe dem *Milchkannentor (Stągwie Mleczne)* entstanden neu, der Rest liegt brach. Ein Mahnmal wider Willen, zwischen Mauerresten wuchert Unkraut. Die Speicherinsel wurde im Zweiten Weltkrieg völlig zerstört. Beim Anblick der Ruinen ist kaum noch vorstellbar, dass hier in der Blütezeit mehr als 300 Speicher standen – ein verschachteltes System aus Lagerhäusern, die klingende Namen trugen wie „Arche Noah“ oder „Jungfrau“. Danzig machte mit dieser Schatzkammer auch Politik: Auf der Speicherinsel wurde nicht nur Schiffsfracht umgeschlagen, sondern wurden auch Waren gelagert, um sie künstlich zu verknappen und den Preis hochzutreiben. Das einst größte Speicherviertel Europas mit einer Geschichte, die bis ins 14. Jh. zurückreicht, wurde früh zum Machtsymbol der Seehandelsstadt an der Ostsee.

In den Ruinen des Speichers „Steffen“ vis-à-vis dem Yachthafen liegt die einzige Kneipe auf der Speicherinsel, ein uriger Laden mit dem Namen *Klub Zejman* (Seemannsklub). Hier erleben Sie mit etwas Glück wunderbare, schwungvolle Shanty-Abende *(Mo–Sa ca. 17 Uhr bis open end | Chmielna 111–113 | Tel. 583 26 63 57)*. Insider Tipp

Respekt einflößend in seiner Pracht: der repräsentative „Rote Saal“ im Rechtstädtischen Rathaus

22 STOCKTURM UND PEINKAMMER (KATOWNIA I WIEŻA WIĘZIENNA) [114 C4]

Mitten zwischen Goldenem und Hohem Tor, den Triumphportalen in die Rechtstadt, ragt dunkel backsteinrot der gotische Stockturm und die mit ihm verbundene Peinkammer mit ihren finsteren Zellen auf. Der wuchtige Komplex aus dem 14. Jh. war Teil der mittelalterlichen Stadtbefestigung, diente zugleich als Gerichtsgebäude und von 1604 bis 1854 als berüchtigtes Gefängnis.

Freundlicher geht es im Stockturm zu. Hier zeigt seit 2006 das *Bern-*

steinmuseum (Muzeum Bursztynu), eines der besten in Europa, seine Schätze. Auf fünf Stockwerken ist das Gold der Ostsee in über 5000 Exponaten zu bewundern, von riesigen Rohbernsteinbrocken bis zu extravaganten Schmuckideen junger Danziger Bernsteindesigner *(Di 10–15, Mi–Sa 10–16, So 11–16 Uhr | Eintritt 10 Zł., Di frei | Targ Węglowy 26 | www.mhmg.gda.pl).*

ALTSTADT (STARE MIASTO)

> Die Danziger Altstadt beginnt nördlich des Altstädtischen Grabens *(Podwale Staromiejskie)*, wo noch Reste der mittelalterlichen Befestigungsanlagen zu sehen sind, und wird im Westen durch den einstigen Stadtgraben *(Podwale Grodzkie)*, im Norden durch die ulica Wałowa begrenzt. Historisch stand sie immer im Schatten der reichen Rechtstadt. In der Altstadt, in der die Stadtgeschichte im 10. Jh. ihren Anfang nahm, lebten vor allem slawische Fischer und Handwerker, die Häuser waren einfacher, provinzieller. Wer hier doch zu Reichtum aufgestiegen war, wohnte in der „Pfefferstadt“ *(Korzenna)*, dem auch heute noch sichtlich wohlhabenden Quartier rings um das Altstädtische Rathaus.

Auch die Altstadt wurde im Zweiten Weltkrieg fast vollständig zerstört. Im Gegensatz zur Rechtstadt baute man allerdings nur einige wenige bedeutsame Baudenkmale wieder auf, das Straßenbild prägen heute vor allem schmucklose Wohnbauten, Einkaufszentren und Läden. Dennoch gibt es auch in der Altstadt auf den Spuren der Stadtgeschichte noch vieles zu entdecken – etwa 100 authentische Gebäude sind erhalten –, und der kontrastierende Mix aus Alt und Neu macht einen zusätzlichen Reiz aus: Wer das Danzig der Gegenwart erleben will, wird dem hier sicher näher kommen als in der touristischen Rechtstadt.

Moderne Kunst mit uraltem Material: Exponat des Bernsteinmuseums im Stockturm

1 ALTSTÄDTISCHES RATHAUS (RATUSZ STAREGO MIASTA) [114 C3]

Im Vergleich zum Rathauspalast der Rechtstadt wirkt der kubische Backsteinbau mit seinem schlanken Turm und den markanten Ecktürmchen regelrecht schlicht, wenngleich auch hier der Manierismus, diese Spielart der Spätrenaissance, Pate stand und

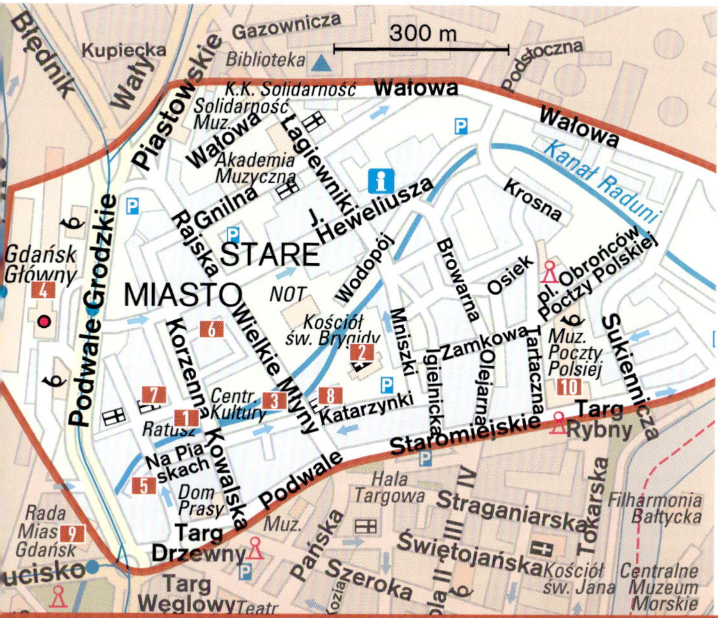

SEHENSWERTES IN DER ALTSTADT (STARE MIASTO)

1 Altstädtisches Rathaus
2 Brigittenkirche
3 Große Mühle
4 Hauptbahnhof
5 Haus der Pelpliner Äbte
6 Heveliusplatz, Heveliusstraße, Heveliuspark
7 Josephkirche
8 Katharinenkirche
9 Neues Rathaus
10 Polnische Post

ein großer Baumeister den Entwurf lieferte: Das Altstädtische Rathaus, erbaut 1587–95, ist ein Werk des berühmten niederländischen Architekten Anthonis van Obbergen.

Rathaus ist das Rathaus allerdings schon seit 1793 nicht mehr. Es beherbergt heute das *Baltische Kulturzentrum NCK* *(www.nck.org.pl)*, eine Buchhandlung und eine kleine Galerie. Eine Gedenktafel am Eingang erinnert an den Danziger Bierbrauer und Astronomen Johannes Hevelius (1611–87), der hier lange als Ratsherr und Bürgermeister wirkte und „nebenbei“ im Keller sein berühmtes Schwarzbier lagerte. Und dort natürlich auch ausschenken ließ. In dem historischen Ratskeller gibt es immer noch eine urige Kneipe, in der Sie das würzige „Heweliusz“-Bier probieren können. Insider Tipp Der *Irish Pub* ist ein beliebter Treff von Intellektuellen, Künstlern und Journalisten. An den Wochenenden gibt's abends oft Livemusik von Irish Folk bis Jazz *(Di–Sa 17 Uhr bis open end | Korzenna 33 | Tel. 583 20 24 74 | www.irish.pl)*.

2 BRIGITTENKIRCHE (KOŚCIÓŁ ŚW. BRYGIDY) [115 D2]

Die Kirche der Solidarność. Berühmt wurde das nahe der Werft gelegene Gotteshaus während des Ausnahmezustands 1980 – als Treffpunkt und Aktionszentrum der jungen freien Gewerkschaft um Lech Wałęsa. Der Propst der Brigittenkirche, Henryk Jankowski, war Wałęsas Beichtvater und einer der ersten Kirchenmänner, die die Streikenden und ihre Solidarność-Bewegung offen unterstützten. Die Brigittenkirche wurde im Zweiten Weltkrieg stark zerstört. Viel blieb nicht erhalten von der prachtvollen Ausstattung der vom 14. bis zum 16. Jh. erbauten Basilika; das feine Netzgewölbe kontrastiert mit dem schlichten, fast modern wirkenden Inneren. Im Chor entsteht seit einigen Jahren ein 11 m hoher, monumentaler Bernsteinaltar in Form einer aufstrebenden Lilie. Das Kunstwerk ist dem Andenken jener 28 Werftarbeiter gewidmet, die bei Protesten im Dezember 1970 ums Leben kamen. Bislang sind von dem Altar allerdings erst einige Fragmente ausgestellt. *Profesorska 17*

Insider Tipp

3 GROSSE MÜHLE (WIELKI MŁYN) [114 C3]

Auf einer künstlich angelegten Insel im Radaune-Kanal thront schwer das imposanteste historische Bauwerk der Danziger Altstadt: die Große Mühle. Der von den Rittern des Deutschen Ordens um 1350 angelegte Backsteinbau mit dem mächtigen sechsstöckigen Satteldach gilt als größtes mittelalterliches Industriedenkmal Europas. Angetrieben von 18 riesigen Wasserrädern, je 5 m durchmessend, mahlte die Ordensmühle pro Tag bis zu 200 t Getreide – für mittelalterliche Verhältnisse eine gigantische Menge. Das gemahlene Getreide lagerte man unter dem Dach. Bis 1944 war die Große Mühle in Betrieb. Kurz vor Kriegsende brannte sie nach einem Bombentreffer aus und blieb danach lange Ruine. 1997 zog hier das erste „westliche“ Einkaufszentrum Danzigs ein *(Wielkie Młyn | Mo–Fr 10–19, Sa 10–16 Uhr)*. Für einen Shoppingtempel mag das nostalgische Ambiente reizvoll wirken, das Baudenkmal hat dadurch im Inneren seinen einstigen Charakter verloren. Der Fachwerkbau neben der Großen Mühle war einmal das Müllerzünftehaus. *Wielkie Młyny 16*

Brigittenkirche: Detail des Bernsteinaltars

Einstmals Zentrum des Müllerhandwerks, heute Einkaufszentrum: Große Mühle

Auf der anderen Seite der ulica Rajska Wielkie Młyny steht am Radaune-Kanal mitten in malerischem Grün die *Kleine Mühle (Mały Młyn)*. Auch sie gehörte mit ihren immerhin noch sechs Mahlwerken einst zu den größten Wassermühlen im Ordensland und diente später der Großen Mühle als Speicher. Heute hat hier der Polnische Anglerverband seinen Sitz.

4 HAUPTBAHNHOF (DWORZEC GŁÓWNY) [114 C2]

Der Danziger Hauptbahnhof am westlichen Rand der Altstadt galt nach seiner Fertigstellung im Jahr 1900 als einer der repräsentativsten Bahnhöfe Europas: ein Schmuckbau im Stil der Neorenaissance mit einem 48 m hohen Turm, den die Architekten dem des Rechtstädtischen Rathauses nachempfunden hatten. Selbst von Weitem ist der Eindruck immer noch imposant. Aus der Nähe wirkt der Bahnhof allerdings sehr ungepflegt und könnte eine Renovierung gut vertragen. Mit Kiosken, Verkaufsständen und Reklame verbaut, ist die ursprüngliche Atmosphäre seines Innenraums heute kaum noch nachzuerleben.

5 HAUS DER PELPLINER ÄBTE (DOM OPATÓW PELPLIŃSKICH) [114 C3]

Mitten im gotischen Ensemble der Altstadt zwischen Elisabeth- und Josephkirche steht eines der schönsten Bauwerke des Danziger Manierismus: das Haus der Pelpliner Äbte, erbaut um 1610 nach Entwürfen des Artushof-Architekten Abraham van den Blocke. Das Palais hat den Krieg unbeschadet überstanden. Bauen ließen das Haus die Mönche des berühmten Zisterzienserklosters Pelplin, 50 km südöstlich von Danzig. Heute residiert hier sehr stilvoll das Kunsthistorische Institut der Danziger Universität. *Elżbietańska 3*

6 HEVELIUSPLATZ, -STRASSE, -PARK (PLAC, ULICA, PARK HEWELIUSZA) [114 C3]

Die Danziger sind mächtig stolz auf ihren Ehrenbürger, den nach Nikolaus Kopernikus berühmtesten polnischen Astronomen Johannes Hevelius (1611–87). Er kartografierte als Erster

Backsteingotik, gekrönt von einer barocken Turmspitze: Katharinenkirche

den Mond, entdeckte Sterne und erklärte die Sonnenflecken. In der Altstadt, wo er lebte und auf dem Dach eines Hauses in der Pfefferstadt *(Korzenna)* auch seine Sternwarte betrieb, heißen nicht nur eine Straße und ein wichtiger Platz nach ihm. Im Heveliuspark, der gegenüber dem Altstädtischen Rathaus beginnt, steht auch ein Denkmal des Astronomen und Ratsherrn, dessen Geburtstag sich 2011 zum 400. Mal jährt. An einer Hauswand am Rand des Parks ist eine Vergrößerung seiner berühmten Mondkarte zu sehen. Johannes Hevelius entstammte einer alten Danziger Brauerfamilie und blieb dieser Berufstradition sein Leben lang treu. Eine von ihm kreierte Starkbiersorte gibt es immer noch, unter passendem Namen: „Heweliusz".

Insider Tipp

7 JOSEPHKIRCHE (KOŚCIÓŁ ŚW. JÓZEFA) [114 C3]

Die 1482 vom Karmeliterorden erbaute, 1945 von der Sowjetarmee niedergebrannte gotische Altstadtkirche dient heute vor allem als Ausstellungsort des *Baltischen Kulturzentrums NCK.* Auch Konzerte und Theateraufführungen finden hier regelmäßig statt. Besuchern fällt als Erstes das frei stehende Portal vor der Kirche auf. Es gilt als Zeichen, dass die Kirche und das sie einst umgebende Kloster ursprünglich viel größer werden sollten. Doch den Karmelitern ging angeblich das Geld aus. *Bielańska*

8 KATHARINENKIRCHE (KOŚCIÓŁ ŚW. KATARZYNY) [115 D3]

Neben der rechtstädtischen Nikolaikirche ist St. Katharina Danzigs ältestes Gotteshaus. Schon 1185 stand hier eine hölzerne Kirche, gestiftet vom Herzog von Pomerellen. Ihre heutige gotische Form stammt aus dem 13. Jh., die markante, reich gegliederte Haube des Glockenturms mit den fünf Filialtürmchen entstand unverkennbar in der geschwungenen Formensprache des Barocks. Die kostbare Ausstattung der dreischiffigen Hallenkirche überstand den Krieg, sie war rechtzeitig ausgelagert worden. Doch 2006 brach ein Feuer in der Kirche aus. Der Großbrand vernichtete vieles, unter anderem einen berühmten Hochaltar. Seither wird die Katharinenkirche restauriert, ist (mit Einschränkungen) aber inzwischen wieder für Besucher geöffnet.

Im Chor des stolzen gotischen Sakralbaus liegt unter einem Epitaph aus schwarzem Marmor Johannes Hevelius begraben. Im Turm spielt ein Carillon (Glockenspiel) aus 49 Glocken, die kleinste knapp 10 kg, die größte 2 t schwer, zu jeder vollen Stunde Beethovens „Ode an die Freude". Außerdem kann man im Turmgeschoss ein kleines *Uhrenmuseum* besichtigen. *Wielkie Młyny*

9 NEUES RATHAUS (NOWY RATUSZ) [114 C3]

Einst befehligte von dem 1898–1901 erbauten Palast im Stil der Neorenaissance aus die preußische Generalität ihre Danziger Garnison, dann zog (zwischen den Weltkriegen) der Hohe Kommissar des Völkerbunds ein, um über das Wohl der Freien Stadt zu wachen, nach dem Krieg abgelöst vom Städtischen Komitee der Polnischen Arbeiterpartei. Seit 2000 werden hier alle wichtigen Entscheidungen der Stadt getroffen: In dem meisterhaft restaurierten, nachts effektvoll beleuchteten Backsteinbau am Jagiellonen-Wall haben Oberbürgermeister und Stadtrat ihren Sitz. Öffentlich zugänglich ist das Neue Rathaus leider nicht, hinter dessen harmonisch gegliederter Ziergiebelfassade vor allem der prächtige Ratssaal sehenswert wäre. *Wały Jagiellońskie 1*

> SPORT LIVE ERLEBEN

Vor allem Ballsportarten sind in Danzig populär

Lechia Gdańsk – Diese Fußballmannschaft ist wegen ihrer Vereinsfarben allgemein als „die Weiß-Grünen" bekannt. Der Verein wurde gleich nach dem Zweiten Weltkrieg 1945 gegründet und stieg schon 1948 in die 1. Liga auf. Nach diversen Auf- und Abstiegen spielt das Team seit 2008 in der höchsten polnischen Liga, der Ekstraklasa. Größter Erfolg der Vereinsgeschichte war 1983 der Gewinn des polnischen Pokals. Heimspiele im *MOSiR-Stadion (Ticket 10–40 Zł. | Traugutta 29 [118 C6] | Tel. 583 45 21 87 | www.lechia.pl)*. Im selben Stadion finden auch Rugbyspiele statt *(www.lechiarugby.pl)*.

Trefl Gdańsk – Die Danziger Volleyballmannschaft wurde erst 2005 gegründet und spielt in der 1. Liga. Heimspiele in der *Miejska Hala sportowa (Ticket 10 Zł. | Kolobrzeska 63 [U D4] | Tel. 585 51 09 45 | www.siatkowka.trefl.com.pl)*.

Asseco Prokom – Einer der besten europäischen Basketballvereine ist in Gdynia zu Hause. Besonders die Spiele in der Euroleague erhöhen jedes Mal den Adrenalinspiegel. Tolle Wettkampfatmosphäre! In den Viertelpausen treten die Cheerleaders auf. *Hala sportowa Gdynia | Ticket 15–70 Zł. | Kazimierza Górskiego 8 [U C1] | Tel. 587 83 55 00 | www.asseco.prokom.pl*

10 POLNISCHE POST (MUZEUM POCZTY POLSKIEJ) ★ [115 D2]

In Danzig brach der Zweite Weltkrieg aus, und die Polnische Post wurde damals zum Symbol – für das deutsche Verbrechen und den heroischen, wenngleich chancenlosen Abwehrkampf der Polen. Als die Wehrmacht am 1. Sept. 1939 die Westerplatte zu beschießen begann, griffen deutsche Soldaten kurz darauf auch die Polnische Post an. Die 56 Postmitarbeiter verteidigten sich fast 14 Stunden lang gegen die deutschen Angreifer, dann mussten sie aufgeben. Die ersten Angestellten, die das Gebäude mit weißer Fahne verließen, wurden sofort erschossen, die anderen 39 Überlebenden einige Tage darauf wegen Freischärlerei zum Tod verurteilt.

Den Verteidigern der Polnischen Post ist ein 1979 vom Bildhauer Wincenty Kucma geschaffenes Denkmal auf dem einstigen Hansaplatz gewidmet. Im historischen Postgebäude erinnert ein *Museum,* gerade multimedial erweitert, an die Geschichte der Polnischen Post. Günter Grass hat den Kämpfen in seinem Roman „Die Blechtrommel" ein literarisches Denkmal gesetzt. *Mo–Fr 10–16 Uhr | Eintritt 5 Zl., Di frei | Plac Obrońców Poczty Polskiej 1–2 | www.mhmg.gda.pl*

Den Verteidigern der Polnischen Post im September 1939 wurde 1979 dieses Denkmal gesetzt

ALTE VORSTADT (STARE PRZEDMIEŚCIE)

> In der Alten Vorstadt, die sich südlich der Rechtstadt zwischen Vorstädtischem Graben *(Podwale Przedmiejskie)*, Radaune-Kanal und Neuer Mottlau erstreckt, sind nach dem Krieg noch weniger historische Gebäude rekonstruiert worden als in der Altstadt. Stattdessen baute man Wohnblocks nach Art sozialistischer Tristesse, vieles blieb brachliegend oder in Trümmern – die berühmte Speicherinsel etwa. Doch seit einigen Jahren erlebt das einst graue Viertel nun seine Renaissance. An vielen Stellen wird neu gebaut, renoviert, saniert, längs der Mottlau sind schmucke Häuserzeilen entstanden, und die nachgebauten Häuser z. B. in der *Milchkannenstraße (ulica Stągiewna)* sind bis ins letzte Detail perfekt gelungen. Die Alte Vorstadt hat sich zu einem der angesagtesten Stadtviertel Danzigs gemausert, die Immobilienpreise klettern kräftig, denn die neuen modernen Wohnungen sind begehrt, vor allem bei jungen Danzigern, die entsprechend gut verdienen.

Historisch gesehen ist die Vorstadt eigentlich eine spätmittelalterliche Neustadt. Sie entstand, als in der Rechtstadt der Platz knapp wurde: Die Ratsherren ließen die südlich angrenzende sumpfige Niederung trockenlegen und bebauen. In der Vorstadt siedelten sich vor allem Handwerker und Händler an, längs der Mottlau entstand die „Werftenmeile" des alten Danzig.

1 LEEGES TOR (BRAMA NIZINNA) UND STADTBEFESTIGUNGEN [114 C6]

Das auch *Niedertor* genannte, von manieristischen Formen geprägte säulenverzierte Tor, 1626 nach Entwürfen des Danziger Festungsbaumeisters Hans Strakowski entstanden, markierte einst den südlichen (Haupt-)Eingang der Alten Vorstadt. Zusammen mit den mächtigen Bastionen *Gertrud* und *Auerochs (Żubr)* nebenan gehörte das zweistöckige Tor in der heutigen *ulica Grodzka Kamienna* zu einer massiven spätmittelalterlichen Befestigungsanlage, die die Stadt im Dreißigjährigen Krieg gegen Angriffe vor allem der Schweden schützen sollte. Ursprünglich umfasste dieser Verteidigungsring 14 Bastionen. Sechs von ihnen überdauerten die Zeit.

Ein interessantes Bauwerk der alten Stadtbefestigung ist auch die *Große Steinschleuse (Kamienna śluza),* die man nach einem kurzen Spaziergang durch die Grünanlage hinter dem Niedertor erreicht. Sie hatte eine Doppelfunktion: Neben dem Hochwasserschutz konnte man mit ihr im umgekehrten Sinn einer Wehrschleuse zu Kriegszeiten weite Teile der Vorstadt unter Wasser setzen, um Angreifern den Zugang zur Danziger Niederung zu erschweren.

Reste der im 15. Jh. angelegten Stadtmauer sind noch an mehreren Stellen im Süden der Altstadt zu finden. Zur Stadtbefestigung gehörte einst auch der *Weiße Turm (Baszta Biała)* von 1461 in der *ulica Rzeźnika* nahe der Trinitatiskirche. In ihm wurde einst das Pulver für die Kanonen und Schießeisen der Danziger gelagert.

ALTE VORSTADT

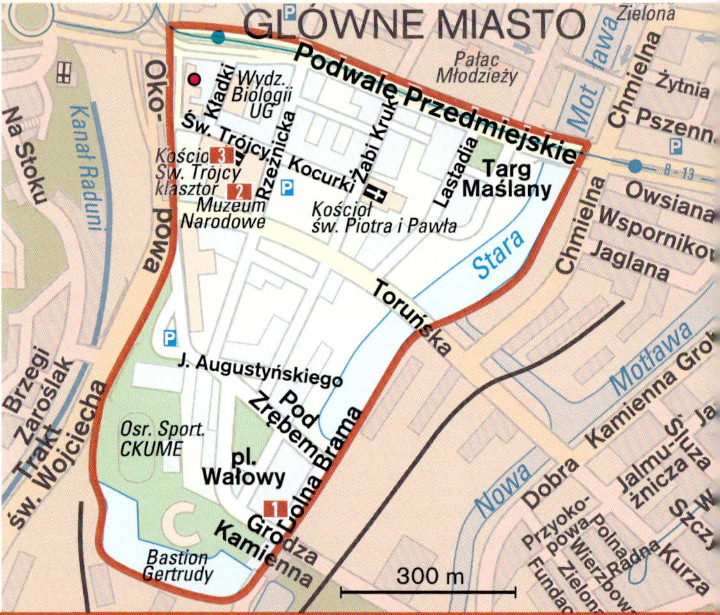

SEHENSWERTES IN DER ALTEN VORSTADT (STARE PRZEDMIEŚCIE)

1 Leeges Tor und Stadtbefestigungen
2 Nationalmuseum
3 Trinitatiskirche

2 NATIONALMUSEUM (MUZEUM NARODOWE) ★ [114 C5]

Das ehemalige Franziskanerkloster in der Alten Vorstadt, erbaut von 1480 bis 1514, beherbergt heute eine der wertvollsten musealen Sammlungen Polens. Neben chinesischem Porzellan, Goldschmuck, Altdanziger Möbeln, allerhand Preziosen in Gold und Silber und mittelalterlichen Statuen fasziniert der reiche Malereifundus, unter anderem mit Werken flämischer Meister von Pieter Breughel d. Ä. bis Anthonis van Dyck. Größter Schatz des Nationalmuseums ist aber das Triptychon „Das Jüngste Gericht" von Hans Memling (um 1467). Das weltberühmte Gemälde galt nach dem Krieg zunächst als verschollen, erst 1952 kam es nach langer Irrfahrt aus Leningrad zurück. *Mai u. Sept. Di–So 10–17, Juni–Aug. 12–19, Okt.–April Di–Fr 12–16, Sa u. So 10–17 Uhr | Eintritt 10 Zł., Fr frei | Toruńska 1 | www.muzeum.narodowe.gda.pl*

3 TRINITATISKIRCHE (KOŚCIÓŁ ŚW. TRÓJCY) [114 C5]

Zum Franziskanerkloster gehörte ursprünglich auch die Dreifaltigkeits- oder Trinitatiskirche nebenan, zweitgrößtes Gotteshaus von Danzig und eines der schönsten Beispiele der Backsteingotik in Nordpolen. Die dreischiffige Hallenkirche, erbaut 1420–1514, gehört heute wieder dem Franziskanerorden. Sie birgt unter anderem das Grab von Giovanni Bernardo Bonifacio d'Oria (1517 bis 1597), einem aus Neapel stammenden Gelehrten, der die erste öffentliche Bibliothek Danzigs stiftete.

AM RAND DER STADT

EHEMALIGE LENIN-WERFT (STOCZNIA GDAŃSKA) ★ [114–115 C–D1]

Nördlich der Altstadt, wenige Gehminuten vom Hauptbahnhof, erstreckt sich das Gelände der ehemaligen Danziger Lenin-Werft. Im August 1980 rückte der Betrieb in den Mittelpunkt der Weltöffentlichkeit, als die Werftarbeiter um den charismatischen Elektriker Lech Wałęsa die Gründung der freien Gewerkschaft „Solidarność" erstreikten. Es war der Anfang vom Ende des sowjetisch diktierten Staatssozialismus in Europa. Schiffe werden heute auf dem riesigen Industrieareal nicht mehr gebaut: Die Lenin-Werft, wo in Glanzzeiten über 20000 Menschen beschäftigt waren, ging 1997 pleite. Die Reste wurden privatisiert. Inzwischen gibt es Pläne, auf dem Gelände unter dem Namen *Młode Miasto (Junge Stadt)* ein schickes Wohn- und Geschäftsviertel zu erbauen. Einstweilen nutzt eine junge Kunst- und Kulturszene einen ▶▶ Teil der alten Werfthallen als Ateliers, Ausstellungs- und Proberäume und als schrillbunte Graffitibühne. Insider Tipp

Am berühmten früheren Haupteingang der Werft, dem heutigen Soli-

Das Nationalmuseum beherbergt auch eine reichhaltige Sammlung sakraler Kunst

darność-Platz, erinnert ein monumentales Denkmal *(Pomnik Poległych Stoczniowców)* an die Opfer des ersten Werftarbeiteraufstands von 1970. *Di–So 10–18, Okt.–April 10–17 Uhr | Eintritt 6 Zł., Mi 2 Zł. | Wały Piastowskie 24 | www.fcs.org.pl | Straßenbahn 10–13: Dworzec Główny*

Lenin-Werft: Drei riesige Kreuze erinnern an die Opfer des ersten Werftarbeiteraufstands 1970

Es besteht aus drei miteinander verbundenen, 42 m hohen Metallkreuzen. Die Aufstellung des Denkmals war eine Forderung des 1980er-Streiks. Dessen Geschichte und die Zeit bis zur Gründung des ersten frei gewählten Parlaments in Polen dokumentiert die sehr sehenswerte multimediale Ausstellung *„Wege zur Freiheit" (Drogi do Wolności)*, derzeit in einem Bunker untergebracht, fünf Gehminuten vom historischen Haupteingang der Werft, wo Vertreter der Streikkomitees und der polnischen Regierung 1980 verhandelten – die Bilder gingen um die Welt. *Mai–Sept.*

LEUCHTTURM NEUFAHRWASSER (LATARNIA MORSKA W NOWYM PORCIE) [U E4]

Immer noch gilt der 1894 nach dem Vorbild des Hafenfeuers von Cleveland (USA) erbaute Leuchtturm Neufahrwasser als einer der schönsten an der Ostsee. Bis 1985 lotsten die Blinks des achteckigen Turms die Schiffe gegenüber der Westerplatte in das Hauptfahrwasser. Dann stand er lange leer und verfiel – bis ein Danziger Unternehmer ihn kaufte, renovierte und 2004 für Besucher öffnete. Vom Lichthaus in 27 m Höhe fliegt der Blick weit hinaus auf die

Ostsee und hinüber zur Westerplatte. Wegen seiner Nähe zu diesem polnischen Munitionsdepot hat der Leuchtturm Neufahrwasser zeitgeschichtlich eine Rolle gespielt: Unter anderem von hier aus wurde am 1. September 1939 auf die Westerplatte geschossen. Der Angriff markiert den Beginn des Zweiten Weltkriegs.

Insider Tipp

Auf Neufahrwasser kann man sich einen Leuchtturmpass ausstellen lassen – und in diesem dann jeden weiteren Besuch eines Leuchtturms an der polnischen Ostseeküste abstempeln lassen. *Mai bis Mitte Juni Sa u. So 10–18, Mitte Juni bis Aug. tgl. 10–18, Sept. tgl. 10–17 Uhr | Eintritt 6 Zł. | Przemysłowa 6 | Tel. 587 60 16 42 | www.latarnia.gda.pl | Straßenbahn 13, 15: Brzeźno; 10: Nowy Port Góreckiego*

WESTERPLATTE **[U E4]**

Am Morgen des 1. September 1939 beschoss der deutsche Panzerkreuzer „Schleswig-Holstein" das polnische Munitionslager auf der zur Freien Stadt Danzig gehörenden Halbinsel Westerplatte. Es waren die ersten Schüsse, die im Zweiten Weltkrieg fielen. 182 polnische Soldaten leisteten den deutschen Truppen sieben Tage lang erbitterten Widerstand und gingen als Helden in die Geschichte ein. Heute ist die Westerplatte ein groß angelegter Park mit den Ruinen der Kasernen und Bunker, dem Friedhof für die Gefallenen sowie einer Ausstellung im ehemaligen *Wachhaus Nr. 1 (s. S. 92)*. Zurzeit wird die gesamte Anlage renoviert mit dem Ziel, sie genau so wieder herzustellen, wie sie am 1. September 1939 aussah. Am äußersten Ende der Halbinsel wurde 1966 eine 23 m hohe Stele zu Ehren der gefallenen polnischen Soldaten errichtet. *Mai–Sept. tgl. 9–16 Uhr | Eintritt 3 Zł. | www.mhmg.gda.pl/westerplatte.htm | ZTM-Bus 106: Westerplatte*

> ENTSPANNEN & GENIESSEN

Eine Wohlfühloase mitten im Wald

Etwa 12 km vom Stadtzentrum entfernt liegt die himmlische Oase *Spa Dwór Oliwski (Di–So 7–22, Mo 12–19.30 Uhr | Tageskarte 95 Zł. | Bytowska 4* **[118 B3]** *| Tel. 585 54 70 00 | www.dworoliwski.pl)*. Mittelpunkt ist ein herrliches Schwimmbecken mit Waldblick. Dazu gibt es Hydromassagen, drei Saunas, ein Jacuzzi sowie einen „Sonnenstrand": Auf bequemen, beheizten Kachelbänken werden Sie von oben mit Solarienstrahlen beschienen. Wenn Sie die Augen schließen, haben Sie das Gefühl, Sie seien am Strand. Rund um das Schwimmbecken kann man auf normalen Liegestühlen Bücher lesen oder einfach nichts tun. Wollen Sie die Zeit hier etwas aktiver genießen, dann melden Sie sich vorher telefonisch zum Aqua-Aerobic an *(in Gruppen bis zu 10 Personen Mo 12.15 u. 18 Uhr, Mi 17.30 u. 19 Uhr | 40 Zł.)* oder zum Nordic Walking in dem wunderschönen Wald um Oliwa, der Landschaftsschutzgebiet ist *(Dauer 90 Min. | So 10 Uhr Fortgeschrittene, 12 Uhr Anfänger | 30 Zł. in Gruppen von mind. drei Personen, individuelles Training 70 Zł.)*.

ZASPA [U D4]

Nicht gerade ein alltäglicher Touristentrip ist der Abstecher nach Zaspa. Trostlos ist es in diesem Stadtteil von Danzig, doch an den Wänden der Plattenbauten haben sich junge Künstler haushoch verewigt. Wer etwas Zeit und die nötige Entdeckerlust mitbringt, kann dort spektakuläre Insider Tipp Wandmalereien bestaunen. Mit dem Vorortzug fahren Sie vom Danziger Hauptbahnhof in Richtung Gdynia; wenn Sie an der Station Zaspa aussteigen, sind von dort in einiger Entfernung bereits die ersten Wandmalereien an den Häusern auszumachen. *SKM-Zug: Zaspa*

AUSSERHALB DER STADT

GDINGEN (GDYNIA) [U C1–2]

Noch vor 1918 war Gdynia, 20 km nördlich von Danzig, ein unbedeutendes kaschubisches Fischerdorf. Der beispiellose Aufstieg begann, als der Ort nach dem Ersten Weltkrieg mit gewaltigem Aufwand zum wichtigsten Hafen der wieder gegründeten Republik Polen ausgebaut wurde. Innerhalb weniger Jahre stampfte man eine Großstadt mit über 200000 Ew. aus dem Boden. Das riesige Hafengelände prägt die jüngste Stadt der polnischen Ostseeküste bis heute. Gdynia ist einer der wichtigsten Warenumschlagplätze Polens und das boomende Wirtschaftszentrum der Dreistadt. Backsteingotik und Renaissance hat die quirlige Stadt naturgemäß nicht zu bieten, dafür eine vom Bauhausstil geprägte moderne City mit vielen Geschäften und Boutiquen längs der beiden großen Boulevards *Starowiejska* und *Świętojańska.*

Beliebtester Treffpunkt der Hafenstadt ist die breite Südmole *(Molo Południowe),* an der unter anderem das Segelschulschiff „Dar Pomorza" („Gabe Pommerns") vertäut liegt. Heute ist der Dreimaster ein schwimmendes *Museum,* man kann es besichtigen *(Juli u. Aug. tgl. 10–18, Sept. u. Okt. Di–So 10–16 Uhr | Eintritt 5 Zł., Sa frei).* Nebenan liegt, ebenfalls als schwimmendes Ausstellungsstück, der polnische Zerstörer „Błyskawica".

Einen Ausflug wert ist Gdynia aber vor allem auch wegen des landesweit einzigartigen *Ozeanografischen Museums* Insider Tipp In den größten Seewasseraquarien Polens, es sind über 30, tummeln sich Meeresschildkröten, bunte tropische Fische und Seeanemonen, Piranhas und Haie. *Akwarium Gdynskie | Mai–Aug. Di–So 9–19, Sept.–April 10–17 Uhr | Eintritt 10 Zł. | www.akwarium.gdynia.pl*

ZOPPOT (SOPOT) [U C–D3]

Vom Norden her gegen Brandung geschützt durch die Halbinsel Hel, im Westen eingerahmt von den bewaldeten Hügelketten Kaschubiens, liegt Sopot (43000 Ew.), Polens elegantes Ostseebad und heute auch Zentrum des Nachtlebens mit den angesagtesten Clubs und Kneipen. Es ist das milde Klima, dem die „Riviera des Nordens" ihre um 1824 mit einem kleinen Militärsanatorium in Zoppot beginnende Beliebtheit verdankt. Der Aufstieg zum Glamour-Strandbad der Schönen und Reichen begann erst hundert Jahre später, in den Goldenen Zwanzigern, als die Bohème aus Berlin und Danzig sich in dem kaschubischen Fischernest eine Insel des mondänhemmungslosen Genießens einrichtete, mit Spielkasinos, Pferderennbahn und einer Waldoper samt Wagner-Festspiel, das Zoppot den Beinamen „Bayreuth des Ostens" eintrug.

Wagner ist Geschichte, die *Waldoper* (1909) gibt es immer noch, heute mit 4000 Plätzen Bühne für Rockkonzerte internationaler Stars. Viele der Villen, in den 1920ern im verspielten Stil der Bäderarchitektur längs des Strands erbaut, sind meisterlich restauriert worden. Hauptstraße des Seebads ist der Flanierboulevard *Bohaterow Monte Cassino,* gesäumt von Cafés, Restaurants und Läden. Der *Monciak,* wie die Sopoter ihn nennen, führt vom Bahnhof direkt zum Meer. Unterwegs kommt man

Insider Tipp

am „schiefen Haus" vorbei *(Krzywy Domek, Nr. 50)*, einer an Antoni Gaudís Bauten erinnernden Attraktion mit eigenwilliger Fassade.

Sopots eigentliches Wahrzeichen ist die Mole, 1842 erbaut, mit fast 512 m bis heute längste hölzerne Seebrücke Europas und zu allen Jahreszeiten ein Laufsteg mitunter ziemlich leicht bekleideter Eitelkeiten. Am Fuß der Mole, vor dem neu errichteten *Kurzentrum,* spielt im Sommer oft Musik von Klassik bis Jazz. Vom Kopf der Mole hat man einen besonders schönen Blick auf das schneeweiße *Grandhotel,* das seit 1926 einem Schloss gleich am Strand aufragt. Nach perfekter Restaurierung im nostalgischen Art-déco-Stil steht das Luxushotel heute wieder einer gut betuchten Kundschaft offen: *Sofitel Grand Sopot | 127 Zi. | Powstańców Warszawy 12–14 | Tel. 585 20 60 00 | www.accorhotels.com* | €€€

Sopot: Höckerschwäne am Strand vor der 512 m langen Seebrücke, dem Highlight des Seebads

> VON PIROGGEN UND BIGOS BIS ZU RAFFINIERTEN CARPACCIOS

Danzig bietet eine gelungene Mischung aus altpolnischer Küche und europäischen Gerichten

> Wenn Sie Lust auf traditionelle polnische Küche haben, dann werden Sie in Danzig sicherlich nicht enttäuscht.
Ob teures Edelrestaurant oder Low-Budget-Bar – Piroggen, die traditionellen gefüllten Teigtaschen, *barszcz,* Rote-Bete-Suppe, oder *żurek,* saure Suppe, stehen fast immer auf der Speisekarte. Auch die kaschubische Küche hat die Danziger Restaurants wesentlich geprägt: Vor allem Heringe bekommen Sie in allen möglichen Variationen serviert – in saurer Sahne, in Öl oder mit Knoblauch, Gurken und Zwiebeln. Und natürlich gehört zur Danziger Küche auch die Ostsee: Fischgerichte finden Sie fast überall.

Nach dem Beitritt Polens zur EU hat sich die polnische Küche deutlich europäisiert und internationalisiert: Sie ist vielseitiger geworden, und es öffnen immer mehr Restaurants, die Fusionküche anbieten. Sehr trendy sind derzeit Sushibars. Der Service

Bild: Panorama mit Marienkirche

ESSEN & TRINKEN

gewann in den letzten Jahren deutlich an Qualität. Von der noch vor ein paar Jahren omnipräsenten sozialistischen Einstellung ging man zum Motto „Der Kunde ist König" über, und das spürt der Gast! Am Wochenende und in der Mittagszeit werden oft preiswerte Lunchmenüs serviert. Immer noch recht dürftig ist das Angebot für Vegetarier.

Fürs Dinner und fürs Ausgehen wird Sopot, die Nachbarstadt, immer beliebter. Sie kommen ganz einfach hin: Nehmen Sie den ZKM-Zug vom Danziger Hauptbahnhof – der bringt Sie in 20 Minuten zur Station Sopot Główny, von der aus Sie alle Restaurants in wenigen Minuten erreichen.

CAFÉS & KONDITOREIEN

CAFE FERBER [114 C4] Insider Tipp

Das Innere schillert in allen roten Farbnuancen. Eine gelungene Mischung aus bürgerlicher Tradition

RESTAURANTS €€€

Tagsüber Café, abends Szenetreff: Das Café Ferber ist eine Institution

und Modernität. Machen Sie es sich bequem auf einem der roten Sofas und lassen Sie sich das Zimteis mit Birne auf der Zunge zergehen oder Eierkuchen nach polnischer Art mit Obst und Schlagsahne. Oder vielleicht doch lieber eine Wiener Quarktorte? *Tgl. ab 9 Uhr bis zum letzten Kunden | Długa 77–78 | Tel. 583 01 55 66 | www.ferber.pl*

CAFE PIKAWA [114 C3]

Hausgemachter Apfelkuchen, warm, mit tollem Vanilleeis und Schlagsahne ist hier das Highlight. Vorzügliche Kaffees und eine große Auswahl an Longdrinks. Klein, eng und gemütlich mit alten Schwarz-Weiß-Fotos an den Wänden. *Tgl. 10–22 Uhr | Piwna 5/6 | Tel. 583 09 14 44 | www.pikawa.pl*

CAFE WEDEL [117 E3]

Im Zentrum von Sopot. Große Auswahl an Kaffees und handgemachten Pralinen. Lecker schmeckt der warme Quarkkuchen! Für Schokofans ist das Schokoladenfondue zu empfehlen. Auch Frühstück bekommen Sie hier. *Tgl. 10–22 Uhr | Bohaterów Monte Cassino 36/4 | Sopot | Tel. 585 50 03 35*

GELATERIA MILANO [117 E3] Insider Tipp

Seit über 50 Jahren ist diese Eisdiele in Sopot berühmt. Frische Erdbeeren oder Himbeeren zu frisch gemixtem Eis: Früchte der Saison entweder in einer Waffel „to go“ oder im hohen Becher mit Schlagsahne oder einer der vorzüglichen Saucen. Dazu unbedingt einen frisch gemahlenen italienischen Espresso! Selbstbedienung. *Tgl. 10–19 Uhr | Bohaterów Monte Cassino 58 | Sopot | Tel. 585 50 45 21*

RESTAURANTS €€€

BROWARNIA GDAŃSK RESTAURANT & PUB [115 E4]

Der alte Speicher liegt direkt am Yachtanleger. Typisch bayerische Küche und polnische Spezialitäten, dazu ordentliche Salatportionen, leckerer Fisch oder ein schmackhaftes Stück Fleisch – das alles kommt frisch und schnell auf den Tisch. Weißwurst, Heringe oder die hausgemachten Brezeln schmecken am besten zu dem Bier, das im Untergeschoss des Hauses gebraut wird – nach altem Insider Tipp

bayerischem Reinheitsgebot, versteht sich! *Tgl. 13–23 Uhr | Szafarnia 9 | Tel. 583 20 19 70 | www.brovarnia.pl*

Insider Tipp

EURO KUCHNIA POLSKA **[114 C4]**
Wie der Name sagt – es gibt traditionelle polnische Küche, doch ergänzt wird die Speisekarte mit italienischen und französischen Spezialitäten. Leckere Suppen wie zum Beispiel die Steinpilzcreme. Ausgezeichnet schmeckt hier gebackene Ente, und auch alle Piroggensorten sind vorzüglich. Fisch gibt es in einer breiten Palette, dazu viele vegetarische Gerichte, köstliche Salate und raffinierte Desserts. Das alles in geschmackvollem Rokokoambiente. Sie können auf Englisch und auf Deutsch bestellen. *Tgl. 12–24 Uhr | Długa 78/80 | Tel. 583 05 23 83 | www.restauracja-euro.com.pl*

FAMILIA MARCO POLO ★ **[117 F4]**
Italienische und Mittelmeerküche in elegantem Ambiente: Hier wird der Heilbutt mit Knoblauchöl serviert. Lecker schmecken auch Heringe in saurer Sahne oder Garnelen auf Rucola. Außer Meeresfrüchten und vielen Fischgerichten gibt es auch Menüs mit Fleisch: Spezialitäten des Hauses sind Hühnchen in Gelee sowie kleine Teigtaschen mit Entenfleischfüllung. Bis zum Strand sind es nur ein paar Meter. *Tgl. 13–22 Uhr | Grunwaldzka 25 | Sopot | Tel. 660 70 91 75 u. 602 17 66 02*

MARCO POLO HIGHLIGHTS

★ Familia Marco Polo
Beste Meeresfrüchtemenüs und Fleischdelikatessen im Zentrum von Sopot auf dem Weg zum Strand (Seite 59)

★ Tomo Sushi
Die Geschmackskombinationen der japanischen Küche machen das Speisen hier zur einmaligen Entdeckungsreise (Seite 60)

★ W Pałacu Opatów
Gartenrestaurant vor schönster Schlosskulisse – speisen bei klassischer Musik (Seite 61)

★ Villa Uphagena
Typisch polnische Küche mit kaschubischen Elementen in einem imposanten Palais (Seite 60)

★ Bar Przystań
Frischer Fisch direkt vom Kutter. Gaumenfreuden mit romantischem Seeblick (Seite 64)

★ Kresowa
Mitten in der malerischen Altstadt beeindruckt diese Danziger Stube vor allem mit polnischer Gastfreundlichkeit und wunderbaren Piroggen (Seite 65)

TOMO SUSHI ★ [117 E3]
Hier sitzen Sie entweder an der ovalen Theke oder an einem der dunklen Holztische am Fenster. Schlichte Einrichtung und angenehme Atmosphäre. Braun und Weiß vermischen sich hier mit Grüntönen. Genießen Sie die traditionellen Maki-Sushi mit Frischkäse und Lachs oder Aal, dazu eine leckere japanische Suppe mit Tofu. In verschiedenen Geschmacksnuancen gibt es hier auch Ente und Huhn. Probieren Sie unbedingt den süffigen Pflaumenwein! *Tgl. 12–23 Uhr | Morska 9 | Sopot | Tel. 585 50 50 11 | www.tomo.pl*

> GOURMETTEMPEL

Hohes Niveau, perfektes Ambiente

RESTAURACJA GDAŃSKA [115 D3]
Prunkvolles Mobiliar – Mahagoni- und Palisandermöbel. Bunte Farben, viel Rot. An den Wänden Spiegel in Goldrahmen neben prächtigen Gemälden. Probieren Sie die überwiegend polnische Küche: die Steinpilzsuppe oder den Zander in Dillsauce sautiert. Etwas deftiger sind die „Wałęsa-Rippchen" oder die „Wałęsa-Heringe" in Olivenöl, mit Knoblauch und Zwiebeln. Kein Wunder, dass der polnische Expräsident hier Stammgast ist. Wunderbar zart ist das Gänsefleisch mit Rotkohl! *Hauptgericht ab 12 Euro | tgl. 12–24 Uhr | Św. Ducha 16/24 | Tel. 583 05 76 71 | www.gdanska.pl*

RESTAURACJA POD ŁOSOSIEM [115 D3]
Im 16. Jh. befand sich im „unter dem Lachs" eine Likörfabrik. Heute ist das Haus ein Nobelrestaurant mit internationaler Küche. In stilvollem Ambiente verwöhnen Sie Ihren Gaumen mit Aalbouillon oder Ente mit Apfelmus. Gut schmecken auch die Piroggen und – für Genießer – Blinis mit Kaviar. Gereicht wird vor und nach dem Essen Goldwasser. Der Likör wurde hier einst erfunden und hergestellt. *Hauptgericht ab 12 Euro | tgl. 12–22 Uhr | Szeroka 52–54 | Tel. 583 01 76 52 | www.podlososiem.com.pl*

PETIT PARIS [117 F3]
Stilvolles Restaurant mit vorwiegend französischer Küche. Als Vorspeise: mit geräuchertem Lachs und Krebs gefüllte Eier oder Quiche Lorraine mit Speck und Zwiebeln. Viele Salatsorten, gute Carpaccios und Suppen, Kalb und Perlhuhn. Auf der Karte finden sich aber auch Gerichte der polnischen und deutschen Küche: Wildschwein oder einfaches Schnitzel. Nach der Mahlzeit können Sie auf Europas längstem hölzernem Seesteg, der nur wenige Schritte entfernten Sopoter Mole, die Kalorien wieder loswerden. *Hauptgericht ab 12 Euro | tgl. 12–22 Uhr | Grunwaldzka 12/16 | Sopot | Tel. 583 41 94 49 | www.petitparis.pl*

VILLA UPHAGENA ★ [118 C5]
Stilvolles Ambiente in einem eleganten Palais. Die typisch polnische Küche mit regionalen kaschubischen Einflüssen überzeugt mit einer großen Auswahl an Fisch, Wild und Geflügel. Das „Jahreszeitenmenü" bietet immer eine Überraschung. Umfangreiche Weinkarte. *Hauptgericht mit Wild ab 12 Euro | tgl. 12 Uhr bis zum letzten Kunden | Uphagena 23 | Wrzeszcz | Tel. 583 45 83 72 | www.villauphagena.pl | Straßenbahn 10, 12: Miszewskiego*

ESSEN & TRINKEN

W PAŁACU OPATÓW ★ [118 C2]
Das elegante Restaurant im Erdgeschoss einer prächtigen Barockresidenz, mitten im Park des alten Stadtteils Oliwa, macht Eindruck. Sofas schaffen romantische Ecken. Im Hintergrund läuft klassische Musik, und auf die Teller kommen internationale Gerichte: Flunder in Zimtsauce oder Kürbispuffer etwa. Frischer Spargel im Frühling oder Baguette mit Räucherlachs werden – wie alles andere – auch im Gartenrestaurant vor der Schlosskulisse serviert. *Tgl. 12–22 Uhr | Cystersów 18 | Oliwa | Tel. 585 24 56 99 | www.restauracjapalace.pl | Straßenbahn 12: Oliwa*

Im noblen Pod Łososiem serviert der Ober als Aperitif oder als Digestif Danziger Goldwasser

RESTAURANTS €€

CZERWONE DRZWII [114 C3]
Die rote Eingangstür *(Czerwone Drzwi)* dieses originellen Restaurants ist kaum zu übersehen. Drinnen sitzt man bei gedämpftem Licht in Sesseln und auf Sofas wie im Wohnzimmer einer Danziger Patrizierfamilie. Die Küche liefert allerbeste, nach altem Rezept in Petersilie gebackene Forelle. Insider Tipp Die Pastetenplatte, das Kalbskotelett in Gorgonzolasauce mit Mehlklößchen oder die Kürbiscremesuppe verzaubern selbst verwöhnte Gaumen. Das 100 Jahre alte Klavier wird abends von hervorragenden Musikern bespielt. Hier treffen Sie viele lokale Persönlichkeiten und Künstler. *Tgl. 10 Uhr bis zum letzten Gast | Piwna 52/53 | Tel. 583 01 57 64 | www.reddoor.gd.pl*

GOLDWASSER [115 D4] Insider Tipp
Setzen Sie sich im Terrassenrestaurant ans Fenster, an den stilvollen runden Holztisch oder einfach in den

Biergarten und genießen Sie den Blick auf die Mottlau und die vorbeifahrenden Schiffe. Hier wird Küche aus aller Welt serviert. Ob Bigos, Piroggen oder kaschubische Gerichte

und Vanilleeis. Herr Leszek, der Chef, überrascht manchmal mit einem Likörchen aufs Haus. *Tgl. 12–23 Uhr | Długi Targ 33/34 | Tel. 583 20 36 25 | www.latajacyholender.pl*

Deftige Gerichte kommen im rustikalen Ambiente des „Fliegenden Holländers" auf die Tische

– alles ist hausgemacht; auch die Pizzas und die Steaks sind gut! Im Obergeschoss des Hauses befindet sich ein romantisches Hotel (7 Zi. | €€). *Tgl. 11–22 Uhr, im Sommer bis 23 Uhr | Długie Pobrzeże 22 | Tel. 583 01 88 78 | www.goldwasser.pl*

LATAJĄCY HOLENDER **[115 D4]**

An schlichten Holztischen im „Fliegenden Holländer" genießen Sie in maritimem Ambiente deftige Gerichte internationaler Küche. Herzhafte Käseaufläufe, gegrillte Schaschliks und warmer Apfelkuchen mit Rum

NAPOLI **[114 C4]**

Rund 30 Pizzasorten, eine beeindruckende Auswahl an Spaghetti, Pasta und Frutti di Mare. Sie können in einem von drei Stockwerken des Restaurants in einem typischen Danziger Backsteinhaus aus dem 14. Jh. Platz nehmen. Gute Hausweine. *Tgl. 11 Uhr bis zum letzten Kunden | Długa 62/63 | Tel. 583 01 41 46 | www.napoli.pl*

SANATORIUM CAFE & INSPIRACJE **[117 F3]**

Was nach einer verstaubten Kureinrichtung klingt, ist in Wirklichkeit topmodern. Das Sanatorium in Sopot besteht aus Café und Restaurant und liegt direkt am langen Seesteg. Das Café in Weiß- und Beigetönen, die bequemen Sofas und hellen Holztische locken junge Leute zum Brunch. Gute Salate und Suppen, aber auch Nudeln oder Pfannkuchen mit Spinat. Im Restaurant „Inspirationen" ist es mit den rot gestrichenen Wänden kuscheliger. Sie essen hier mit Garnelen gefüllte Teigtaschen oder eine frische Seezunge direkt aus der Pfanne. Ein Weinexperte hilft Ihnen bei der Auswahl des passenden Tropfens. *Tgl. 8–24 Uhr, Sanatorium Inspiracje ab 13 Uhr | Grunwaldzka 8–10 | Sopot | Tel. 585 50 00 01 | www.sanatoriumsopot.pl*

SUSHI 77 **[115 D3]**

Ein Augen- und Gaumenschmaus. Außer Sushivariationen bietet das Restaurant auch warme japanische Gerichte. Besonders lecker schmecken die bunt gemischten Teigtaschen. Die Gerichte sind dekoriert mit essbaren Blumen oder buntem Gemüse. Direkt an der Mottlau. *Tgl. 12–23 Uhr | Długie Pobrzeże 30 | Tel. 586 82 18 23 | www.sushi77.com*

ZEPPELIN **[114 C3]**

Beliebter Nachmittagstreff für Stadtbummler, genau richtig für einen belebenden Espresso oder ein Złote Lwy, ein nach altem Danziger Rezept gebrautes Bier. Jazzmusik im Hintergrund. Das in dezenten Pastelltönen gestaltete Innere ist eine Kopie des in den 20er-Jahren angesagten Zeppelinrestaurants. Und Zeppeline kann man hier auch kosten: herzhafte, mit Fleisch gefüllte Kartoffelklöße in der typischen Zigarrenform. Dann als Nachtisch den einzigartigen Honig-Zimt-Käsekuchen, und Ihr Nachmittag ist perfekt! *Tgl. 7–24 Uhr | Św. Ducha 2 | Tel. 583 22 24 43 | www.zeppelin.gdansk.pl*

RESTAURANTS €

BAR POD RYBĄ ▸▸ **[115 D4]**

Ein Paradies für Kartoffelliebhaber! Insider Tipp

Solche Kreationen haben Sie noch nie gekostet: kross gebacken, nach Belieben gefüllt, z.B. mit Kaviar oder Gorgonzolacreme. Klar, dass es hier auch die besten Kartoffelpuffer der Stadt gibt. Die Wandgemälde des bekannten Danziger Künstlers Jan Orchowski bieten echten Augenschmaus, und seine (gerahmten) Bilder können Sie auch für Ihr Zuhause erstehen. *Tgl. 11–19 Uhr | Długi Targ 35/38 | Tel. 583 05 13 07 | www.barpodryba.pl*

>LOW BUDGET

- In der Milchbar *Bar Mleczny Neptun* gibt es nicht nur Milchprodukte. Das Lokal bietet eine breite Menüpalette. Zu empfehlen: ein kalt servierter *barszcz* aus Joghurt mit Rote-Bete-Saft und Gurken oder eine Gemüsesuppe für 5 Zł. Preiswerte Fleischgerichte: Schweinsrücken, Geflügel oder Eisbein. *Mo–Fr 7.30–18, Sa u. So 10–17 Uhr | Długa 33/34* **[114 C4]** *| Tel. 583 01 49 88 | www.barneptun.pl.*
- Üppiger Sonntagsbrunch in der exquisiten *Browarnia Gdańsk (S. 58)*, thematisch abgestimmt auf die besten Küchen Europas. Essen Sie jeden Sonntag von 13 bis 17 Uhr so viel Sie möchten – für nur 59 Zł. (14 Euro).

RESTAURANTS €

BAR PRZYSTAŃ ★ [117 F4]
Eine Fischbar direkt am Strand. Im Sommer ein beliebter Treffpunkt am Mittag. Sie sitzen an langen Holztischen mit Seeblick, drinnen oder draußen. Lecker schmecken die panierten Krabben – nehmen Sie dazu Knoblauchbrot mit Käse überbacken oder Bratkartoffeln mit Kräutern. Selbstbedienung. *Tgl. 11–23 Uhr | al. Wojska Polskiego 11 | Sopot | Tel. 585 55 06 61 | www.barprzystan.pl*

ESTRAGON [115 D4]
Hier treffen sich vor allem Studenten, denn gleich gegenüber befindet sich das Wohnheim der Danziger Kunstakademie. Modernes Ambiente. Sie kommen in den Genuss köstlicher Fischkreationen wie gegrilltes Lachssteak in Estragonbutter oder Heilbutt auf Tagliatelle mit Dillsauce. Eine Besonderheit sind die ausgefallenen Speisen für Kinder, wie Früchtesuppe oder Hähnchenpopcorn. Sehr freund-

> SPEZIALITÄTEN

Genießen Sie die typische Danziger Küche!

Babka – Hefekuchen mit Rosinen und kandierten Früchten, serviert mit Zuckerguss oder Schokoladenglasur
Barszcz – Rote-Bete-Suppe
Biała kiełbasa – gekochte Weißwurst
Bigos – lange gekochter Weißkohl mit getrockneten Steinpilzen, Fleisch, Wurst und eventuell etwas Rotwein

Goldwasser – süßer Kräuterlikör mit Anisgeschmack und Goldflocken
Golonka – gekochtes Eisbein
Gołąbki – in Wirsingkohlrouladen servierte Fleisch-Reis-Füllung
Kapuśniak – saure Suppe mit gekochtem Wirsingkohl und Fleisch
Karp w galarecie – gekochter Karpfen, kalt serviert in Gelee
Kaszanka – Blutwurst, gekocht und gebraten, mit Zwiebeln
Kotlety mielone – gebratene, panierte Hackfleischschnitzel
Kotlety schabowe – dünn paniertes Schweineschnitzel
Makowiec – Mohnkuchen
Naleśniki – Pfannkuchen mit Quark-, Marmelade- oder Fleischfüllung
Pierogi – Teigtaschen, meistens mit Fleisch- oder Kohlfüllung (Foto)
Pierogi ruskie – russische Piroggen, Teigtaschen mit Quark und Zwiebeln, gekocht und dann mit Zwiebeln und Speckstücken gebraten
Rosół – Brühe aus Huhn, Pute oder Rind mit Gemüse, serviert mit Nudeln
Sernik – Quarkkuchen, manchmal mit Rosinen oder kandierten Früchten
Śledzie – marinierte Heringe, serviert in Essig oder Öl, mit Zwiebeln
Żurek – saure Roggenmehlsuppe mit Wurst

Restaurant mit ganz eigenem Stil: Estragon

liche Preise! *Tgl. 12–22 Uhr | Chlebnicka 26 | Tel. 583 09 17 00 | www.estragon.pl*

GREEN WAY [114 C4]

Insider Tipp

Ein Paradies für Vegetarier und Veganer! Ob es im Winter die warme Tomatensuppe oder im Sommer die kalte Suppe *chłodnik* ist, hier schmeckt alles köstlich. Große Auswahl an Salaten. Satt werden Sie von einem der Aufläufe, Sojakoteletts oder von einer überbackenen Gemüsetorte. Lecker schmecken auch Teigtaschen mit Käsefüllung. Probieren Sie die Zitronenlimonade dazu. Besonders preiswert! *Mo–Sa 10–20, So 10–19 Uhr | Długa 11 | Tel. 583 01 82 28 | www.greenway.pl*

KRESKA [114 C3]

Das Kreska überrascht mit wunderbaren Geschmackserlebnissen, wie der pikanten Fischsuppe mit Krebsschwänzen oder den in Weißwein gedünsteten Muscheln. Die Gerichte sind köstlich und preiswert (ab 10 Zł.) und obendrein sehr schön dekoriert. Auf den modernen Couchs nehmen die jungen Schauspieler des anliegenden Theaters Wybrzeże gerne eine kleine Auszeit. *Tgl. 10–23 Uhr | Św. Ducha 2 | Tel. 583 00 05 94 | www.restaurantkreska.pl*

KRESOWA ★ [114 C4]

Gemütlicher Salon im Stil der 30er-Jahre. An den Wochenenden ziemlich voll. Der Name („Kresy" bedeutet Grenzland und bezeichnet Teile Ostpolens) verrät den Tenor der Speisen, die der litauischen, ukrainischen, jüdischen und kaukasischen Küche entstammen. Nur hier erfahren Sie, wie köstliche *bajaderki* (Zartbitterschokokugeln mit likörgetränkter Kirsche) zu armenischem Tee mit Konfitüre Ihrem Gaumen munden. Größeren Hunger stillen die kräftigen Suppen und eine Portion Piroggen. In diesem Lokal bekommen Sie eine Idee von der berühmten polnischen Gastfreundlichkeit. *Tgl. 12–22 Uhr | Ogarna 12 | Tel. 583 01 66 53*

MON BALZAC [115 D4]

Insider Tipp

Ziegelsteinwände und warme Töne (dunkelbraunes Holz) machen aus dem modern designten historischen Raum einen besonders gemütlichen Ort. Große Auswahl an Suppen: von der Zwiebelsuppe bis zur aromatischen Tomatencreme. Käsefondue als Hauptgericht oder Schokoladenfondue als Nachtisch schmecken hervorragend! Internationale Küche. Sushi-Aktionen am Wochenende. *Tgl. 8 Uhr bis zum letzten Kunden | Piwna 36/39 | Tel. 586 82 25 25 | www.monbalzac.pl*

> BERNSTEINGASSE ODER EINKAUFSGALERIE?

In Danzig findet man noch viele kleine Einzelhändler, aber längst auch moderne Shoppingmalls

> Viele kleine Einzelhändler haben ihre Geschäfte in und rund um die Danziger Altstadt. Der Bernstein- und Schmuckverkauf konzentriert sich auf die berühmte Mariengasse (ulica Mariacka), die deshalb auch Bernsteingasse genannt wird.
Dazu kommen die Lange Brücke (Długie Pobrzeże) an der Mottlau, die berühmte Langgasse (ulica Długa) und der Lange Markt (Długi Targ). Lebensmittel wie Obst und Gemüse, Pilze, Honig, Fleisch und Fisch können Sie in der historischen Danziger Markthalle (Hala Targowa) erwerben: Drinnen und an Ständen vor der Halle werden montags bis freitags vom frühen Morgen bis um 18 Uhr (samstags bis mindestens 15 Uhr) frische Waren und Blumen angeboten.

Wie Pilze sprießen in Danzig moderne Malls aus dem Boden, in denen u. a. jede namhafte internationale Modemarke vertreten ist. Diese Einkaufszentren – zum Beispiel Madi-

EIN KAUFEN

son, Manhattan und die Galeria Bałtycka – sind meist die ganze Woche von 9 bis 21 Uhr geöffnet. Weitere Malls gibt es am Stadtrand. Gefragt bei den Danzigern sind Outlet Stores.

BERNSTEIN & SCHMUCK

AMBER ART [114 C4]

Aus Bernstein und Silber hergestellte Ohrringe und Ohrstecker in verschiedenen Mustern sowie Ketten, Anhänger, Broschen und Armbänder. Rohbernsteine in verschiedenen Farben und Formen. *Długa 12/13 (Filiale: Długie Pobrzeże 5)*

BALTIC STONE ★ [115 D4]

Einzigartiges Bernsteindesign! Klassisch, modern oder exklusiv mit (unpoliertem) Naturbernstein. Ketten und Ringe in den verschiedensten Ausführungen. Originelle Silberketten. Insider Tipp Gute Beratung. *Mariacka 29 (Filiale: Długie Pobrzeże 29)*

DELIKATESSEN

Sceneria: Vielleicht werden Sie hier fündig bei der Suche nach dem besonderen Souvenir

DELIKATESSEN

CIUCIU/CUKIER ARTIST ★ [114 C4]

Handgefertigte Bonbonspezialitäten in einer breiten Geschmackspalette. Das Sortiment umfasst sowohl Klassiker als auch exklusive und außergewöhnliche Varianten. Jeder bunte, handgedrehte Lutscher ist ein Unikat. Auf Bestellung gibt es Bonbons für die Hochzeit, mit Firmenlogo oder anderen Motiven. Sie werden im Laden hinter einer Glasscheibe hergestellt. Ein Schlaraffenland für große und kleine Kinder. *Długa 64–65*

NEKTAR [114 C4]

Ein breites Sortiment bietet dieses Honigparadies: Honig als Aufstrich und als Getränk, dazu Honigmilch und Honigbier. Die Honigkerzen und die kleinen Andenken sind gut zum Verschenken geeignet. *Piwna 13-1, Eingang Lektykarska*

Insider Tipp **WINIARNIA PIETRASZEK** [115 D3]

Rund 400 Weinsorten aus allen Regionen dieser Welt bekommen Sie in diesem gemütlichen Laden im Herzen der Danziger Altstadt. Auch Prosecco. Professionelle Beratung. Gut gekühlte Weine gibt es auch im Bistro, dazu Oliven und französischer Käse auf Wunsch. *Świętego Ducha 57*

EINRICHTUNG & CO.

ALMI DECOR [118 C2]

In der neuen Galeria Bałtycka sind im Erdgeschoss Einrichtungsläden untergebracht. Almi Decor ist einer davon. Dezente skandinavische Inneneinrichtung, aber auch Besteck und Glas oder Bettwäsche. Jeder Raum ist einzigartig, bis ins kleinste Detail perfekt entworfen. Teuer im Verhältnis zu anderen Geschäften. *Grunwaldzka 141 | Galeria Bałtycka | Straßenbahn 10, 12: Słowackiego*

HOME & YOU [118 C2]

Große Auswahl an Bettdecken, Plaids, Vorhängen und Gardinen. Dekorative Kissenbezüge in einer breiten Farbpalette. Hier finden Sie auch schöne Korbmöbel, Spiegel,

Gemälde und schmückende Rahmen. Gute Rabattaktionen. *Grunwaldzka 141 | Galeria Bałtycka | Straßenbahn 10, 12: Słowackiego*

SCENERIA [115 D4]
Exklusive Möbel, echte und imitierte Antiquitäten, Kristallkronleuchter der bekannten tschechischen Marke Preciosa. Sehr originelle Accessoires. Lassen Sie sich hier exklusiv eine Insider Tipp Wandmalerei für Ihr Zuhause entwerfen. *Długa 22–27*

KUNST

GALERIA JACKIEWICZ [115 D3]
Die besten Kunstwerke von Danziger Malern, Grafikern und Bildhauern. Interessant, auch als ganz besonderes Souvenir: die Maltechniken mit ins Bild integrierten alten Schwarz-Weiß-Fotos von Danzig. Das Angebot der Galerie wird durch einmalig schönen Silberschmuck ergänzt. Die Insider Tipp Beratung durch den Galeriebesitzer, Professor Władysław Jackiewicz von der Danziger Kunstakademie, könnte besser nicht sein. *Mariacka 50–52*

GALERIA TRIADA [115 D4]
Moderne Kunst von jungen Malern der Danziger Kunstszene sowie anerkannte polnische Malerei werden hier ausgestellt und verkauft. Mit ihren zwei Filialen in Danzig und in Sopot ist Triada die größte und bekannteste Galerie der Dreistadt. *Piwna 11–12 | Danzig; Bohaterów Monte Cassino 50* [117 E3] | *Sopot*

PIONOVA GDAŃSK [115 D3]
Fans zeitgenössischer Kunst werden hier glücklich! Der Auswahl ist reichhaltig: Malerei, Grafik, Bildhauerei, Fotografie und audiovisuelle Installationen. Die Galerie befindet sich in einem riesigen Bunkergebäude aus dem Zweiten Weltkrieg. *Olejarna 2*

MODE & SPORT

CALZEDONIA [114 C2]
Eine riesige Bandbreite an Strumpfhosen, Kniesocken und Socken. Wollen Sie den Ostseestrand besuchen? Hier finden Sie Danzigs größte Auswahl an Badeanzügen, Pareos und Badehandtüchern. Auch Kindersachen. *Rajska 10 | Galeria handlowa Madison*

CUBUS [118 C2]
Hier gehen Frau und Mann komplett neu eingekleidet wieder hinaus. Die Auswahl reicht von Unterwäsche über Pullis, Hosen und Anzüge bis zu eleganten Tüchern. Gute Preise. *Grunwaldzka 141 | Galeria Bałtycka | Straßenbahn 10, 12: Słowackiego*

MARCO POLO HIGHLIGHTS

★ **Baltic Stone**
Ein Bernsteinparadies. Die beste Auswahl in der Stadt! (Seite 67)

★ **Ciuciu/Cukier Artist**
Eine einzigartige Bonbonmanufaktur. Bunt und lecker (Seite 68)

★ **HD – Heavy Duty**
Schicke Schuhe für junge Leute. Originelle polnische Marken (Seite 71)

★ **Forget-Me-Not-Gift**
Niedliche Teddybären sind die perfekte Geschenkidee. Tolle Taschen (Seite 71)

EWA MINGE [118 C2]
Lust auf ultraschicke Mode? Ewa Minge ist eine der bekanntesten polnischen Designerinnen. Hier finden Sie ihre luxuriösen Prêt-à-porter-Modelle. Es gibt nur Einzelstücke, und die haben natürlich ihren Preis. *Grunwaldzka 82 | CH Manhattan*

Forget-Me-Not-Gift: Hier finden Sie für jede(n) etwas und vergessen sicherlich keine(n)

GO SPORT [114 C2]
Sportkleidung der bekanntesten internationalen Designer. Sportschuhe. Ob Sie Schwimmfreak oder Skifan sind – hier werden Sie komplett ausgestattet. *Rajska 10 | Galeria handlowa Madison*

INTIMISSIMI [114 C2]
Der italienische Unterwäschedesigner bietet wunderschöne bunte Dessous sowie Mode für die Nacht für sie und ihn an. Ständig neue Kollektionen. Im Schlussverkauf gibt es für die heißen Modelle bis zu 50 Prozent Ermäßigung! *Rajska 10 | Galeria handlowa Madison | Filiale in der Galeria Bałtycka*

SKLEP WĘDKARSKI (ANGLERLADEN) ▶▶ [114 C2] Inside Tipp
Ein Paradies für Angelfreaks: Angelkleidung und -stiefel, Angeln für alle Bedingungen, spezielle Ausstattung fürs Eisangeln, Köder. *Rajska 2*

■ MUSIK & ZEITSCHRIFTEN ■

EMPIK [114 C2]
Zeitungen, Zeitschriften und Magazine aus aller Welt. Bücher vom internationalen Bestseller bis zum Bild-

band. CDs, DVDs und Computerspiele. Kleine Andenken und Süßigkeiten zum Verschenken. Schöne Postkarten! *Podwale Grodzkie 8*

SALONIK POCZTÓWEK NA DŁUGIEJ [115 D4]
Ein typischer Kiosk mit tagesaktueller Presse und Postkarten mit traditionellen Motiven wie dem Danziger Rathaus oder dem Krantor. Daneben bekommen Sie hier auch Telefonkarten, Zigaretten, kleine Andenken und Fotoartikel. *Długa 43*

SCHUHE & TASCHEN

APIA [118 C2]
Edles Schuhdesign von Alberto Fermani, Fabi und Nando Muzi ist hier vertreten. Sehr guter Service. *Grunwaldzka 141 | Galeria Bałtycka | Straßenbahn 10, 12: Słowackiego*

HD – HEAVY DUTY ★ [118 C2]
Superschicke Schuhe des polnischen Schuhdesigners vor allem für die jüngere Generation. Schöne Ballerinas, Flip-Flops und ein gutes Angebot an Schuhen zum Spazierengehen und Wandern. Auch für Herren gibt es ein breites Angebot. Die Marken: Cat, Converse, Tommy Hilfiger, Crocs, Lacoste. Schauen Sie sich mal die weniger bekannte Marke „Marisha" an! *Grunwaldzka 141 | Galeria Bałtycka | Straßenbahn 10, 12: Słowackiego*

SOUVENIRS & GESCHENKE

Insider Tipp **CEPELIA** [115 D4]
Polnische Handwerkskunst aus allen Regionen. Originelle Keramik, Gobelins, Glas, Schmuck und Korbwaren sind nur einige Beispiele aus dem breiten Sortiment. *Długa 47*

FORGET-ME-NOT-GIFT ★ [115 D4]
Die niedlichen Teddybären zum Kuscheln gibt es in jeder Größe. Hier verkaufen auch junge Designerinnen ihre originellen Taschen: Joanna Danilo, Natasha Farina und Mary Frances. Linda Lacroix stellt tolle Ketten aus. Das breite Sortiment wird von schönen Bilderrahmen und Duftkerzen ergänzt. *Długi Targ 8/10*

GDAŃSKI BÓWKA [115 D4]
Der passende Laden für Fans des Maritimen: Kitschige, aber auch geschmackvolle Souvenirs von Buddelschiff bis Messing-Bullauge, von Schnupftabaksdöschen bis Meeresschneckenhaus sind hier zu haben. Ölgemälde und Kupferstiche, Literatur und Bildbände zum Thema ergänzen das Angebot. *Długie Pobrzeże 11*

>LOW BUDGET

- *CCC:* Preiswerter als hier kaufen Sie Ihre neuen Schuhe nirgendwo in der Stadt. Die polnische Marke bietet viele Modelle und Farben. *Szuberta 102A | Einkaufszentrum Carrefour* [U D5] | *ZKM-Bus 142: Carrefour*
- *Fashion House Outlet Center:* Kleidung von bekannten Designern um bis zu 70 Prozent reduziert, u.a. Nike, Puma, Adidas, Rossignol, Roxy. Italienische Schuhe und polnische Marken aus älteren Kollektionen gibt es hier zu sehr attraktiven Preisen. *Przywidzka 8* [121 D3] | *www.fashionhouse.pl | ZKM-Bus 174, 574: Fashion House*

> DIE NACHT ZUM TAG MACHEN

Bistros, Cafés, Clubs und Discos – in Danzig und Sopot können sich Partylöwen austoben

> Das Nachtleben in Danzig erlebt eine Renaissance. Immer neue Pubs und Clubs machen in der Altstadt auf. Die meisten sind bis spätnachts geöffnet. Der Eintritt in Discos und Clubs beträgt 5–20 Zł.

Die Langgasse (ulica Długa) ist und bleibt Zentrum des Danziger Nachtlebens. Aber auch in den parallel laufenden Straßen Piwna und Chlebnica kommen Partyfreunde auf ihre Kosten. Wenn es warm wird, öffen die meisten Kneipen ihre Biergärten.

Der Badeort Sopot ist ein richtiges Partyparadies. Liegestühle, Palmen und Drinks aus Kokosnüssen sorgen für Karibikgefühl am Ostseestrand. Die meisten Pubs und Clubs befinden sich an der berühmten Promenade Bohaterów Monte Cassino oder in Łazienki Północne direkt am Strand. Bei den wirklich heißen Partys ist das Nacktschwimmen in der Ostsee fast schon ein Ritual. Doch auch Kulturliebhaber werden mit dem Danziger

Bild: Café Ferber in Sopot

AM ABEND

Angebot zufrieden sein. Die Filharmonia Bałtycka und die Opera Bałtycka bieten ein reiches Repertoire. Dazu gibt es das ganze Jahr über Musikkonzerte, Festivals und Filme. Kulturelle Langeweile kennen die Danziger nicht.

BEACHCLUBS

BULAJ SOPOT [117 E2]

In der weiß-roten Villa direkt am Strand finden täglich Partys statt. Dabei gibt's unter anderem italienische, französische und deftige polnische Küche. Eine gute Auswahl an Alkoholika und eine breite Weinpalette machen die Party rund. *Tgl. 11 Uhr bis open end, Küche bis 22/23 Uhr | Mamuszki 22 | Sopot | www.bulaj.pl*

TROPIKALNA WYSPA [117 F4] Insider Tipp

Bereits Anfang April fängt in der „Tropischen Insel" der heiße Sommer an und damit auch die wilden Partys. Das Ambiente ist karibisch, so auch die erfrischenden Longdrinks mit bunten Schirmen und lustigen Trinkhalmen. *Tgl. 10 Uhr bis open end | Al. Wojska Polskiego | Eingang auf Höhe des Muzeum Miasta Sopotu*

DISCOS & CLUBS

Insider Tipp
ABSINTHE ▶▶ [114 C3]
Ein Treffpunkt der Boheme. Gerne treffen sich hier Schauspieler des Theaters Wybrzeże, das sich oben im selben Gebäude befindet. An Wochenenden wird es sehr eng, und bei guter Musik wird gerne auf der Theke getanzt. Im Sommer ist der Biergarten eine Alternative für Nichtraucher. *Mo–Do 10–4, Fr–So 10 Uhr bis open end | Św. Ducha 2 (Teatr Wybrzeże) | www.cafeabsinthe*

AKADEMICKI KLUB POLITECHNIKI GDAŃSKIEJ KWADRATOWA ▶▶ [118 C6]
In diesem Club mit Kultstatus treffen sich vor allem Studenten. Auf der großen Tanzbühne finden regelmäßig Partys und Konzerte statt: Song 'n' Dance donnerstags, Quadrobeat freitags, Black Music Session samstags, Rockkonzerte dienstags. *Tgl. 21 Uhr bis open end | Siedlicka 4 | ZKM-Bus 115: Traugutta-Sobieskiego*

Insider Tipp
APARTAMENT [114 C4]
Genauso wie in einem echten Apartment gibt es hier auf zwei Ebenen und über 300 m² Fläche unter anderem: ein Wohnzimmer, ein Schlafzimmer, eine Garderobe und ein Büro. Jedes Zimmer ist in einer anderen Farbe gestrichen und seiner Funktion entsprechend ausgestattet: Nur hier liegen Sie in einem Club auf einem echten Doppelbett im Schlafzimmer! Livekonzerte der Studenten der Danziger Musikakademie. Jamsessions mittwochs, Studententreffen donnerstags, Drum 'n' Bass freitags, House, Deep House und Electro samstags. Zutritt erst ab 21 Jahren – kein Wunder bei der Einrichtung. *Tgl. 18–7 Uhr | Podgarbary 10 | www.apartamentklub.pl*

Grün wie Absinth im Glas funkelt der Tresen im Absinthe

CICO COME IN & CHILL OUT [115 D4]
Perfektes Ambiente für ein erstes Date oder für einen Starter bei Chillout-Musik. Im Erdgeschoss wird bei Funk, Deep- und Vocal House so richtig abgetanzt. Gut klimatisiert; viele Touristen. *Tgl. 8–24 Uhr, an Wochenenden 8 Uhr bis open end | Piwna 28–30 | www.cico.pl*

MIASTO ANIOŁÓW (ENGELSTADT) [115 D4]
Bis zu 800 Personen können auf der riesigen Tanzfläche Party machen. Der Club befindet sich in einer charmanten Ecke, direkt an der Mottlau. Ein beliebter Partytreffpunkt für Jugendliche. Sehr laute Musik: Disco, Funk. Donnerstags 80er-Jahre-Musik, freitags Remix Nights, samstags Peace and Love Music. *Tgl. 19 Uhr bis open end | Chmielna 26 | www.miastoaniolow.com.pl*

NOWA REPUBLIKA ★ [118 B5]
Lust auf eine gute Tanzparty? Die neuesten Radiohits und schwarze Musik gibt es hier bis in die frühen Morgenstunden von Donnerstag bis Samstag. Laute Beats werden von bekannten DJs gemixt. Im Erdgeschoss gibt es eine große Tanzfläche. Dienstag: Horny Night, Mittwoch: Energy Night. *Di–Sa 19 Uhr bis open end | Jaśkowa Dolina 14 | www.nowarepublika.pl | Straßenbahn 10, 12: Jaśkowa Dolina*

PARLAMENT [115 D3]
Mit Musik der 60er-, 70er- und 80er-Jahre fängt das Wochenende schon am Donnerstag an. Fans von Michael Jackson, Tina Turner, George Michael oder Madonna sind hier Stammkunden. Black Music Party freitags, Disco Fever samstags. Hier mixen die bekanntesten polnischen DJs. *Tgl. 20 Uhr bis open end | Św. Ducha 2 | www.parlament.com.pl*

PIĘKNI MŁODZI I BOGACI [114 C3]
Sind Sie schön, reich und jung? Dann sind Sie hier genau richtig. „Die Schönen, Jungen und Reichen" ist ein dreistöckiges Clubhaus, in dem die Musik von angesagten DJs gespielt wird. Disco, House, Funk und Rock 'n' Roll. Bei Hip-Hop-Partys können Sie so richtig abtanzen. *Tgl. 20–3/4 Uhr | Teatralna | www.pieknimlodziibogaci.pl*

KINO

GDAŃSKIE CENTRUM FILMOWE [115 D4]
Das einzige Kino in der Altstadt (drei Säle), das Originalversionen zeigt. Der Neptunsaal bietet 1100 Plätze und Dolby-Digital-Surround-System. Daneben gibt es zwei kleine, aber gemütliche Säle: Kino Kameralne (130 Plätze) und Kino Helikon (70 Plätze). In den kleinen Sälen werden eher anspruchsvolle Filme in Origi-

MARCO POLO HIGHLIGHTS

★ **Nowa Republika**
Tanz bis zum Morgengrauen (Seite 75)

★ **Opera Bałtycka**
Ohrenschmaus für Fans der klassischen Musik (Seite 76)

★ **Kawalerka Bistro & Café**
Gemütlich und schön wie zu Hause (Seite 77)

★ **Plac Zebrań Ludowych**
Open-Air-Konzerte mit polnischen und internationalen Topstars (Seite 78)

★ **Café Ferber**
Pflicht für alle Szenegänger (Seite 78)

★ **La Dolce Vita**
Hier ist das Leben süß. Genauso wie die Cocktails (Seite 79)

nalversion mit Untertiteln aufgeführt. *Karte 12 Zł., Di 10 Zł. | Długa 57 | www.neptunfilm.pl*

KLASSIK

Insider Tipp

FILHARMONIA BAŁTYCKA [115 E3]

Konzerte mit klassischer Musik, hervorragende Orgelkonzerte, Ausstellungen und Kongresse. Im großen Konzertsaal (1200 Plätze) der Frédéric-Chopin-Philharmonie ist eine der größten und besten Orgeln Polens eingebaut. Kleinere Konzerte für bis zu 200 Zuhörer finden auf der Kammerbühne statt. Einzigartige Sommerkonzerte im Freilufttheater an der Mottlau. Es gibt aus der Altstadt keine direkte Verbindung mit der „Wasserstraßenbahn" zur auf der Bleihofinsel liegenden Philharmonie; Sie müssen den Umweg über die Speicherinsel und die ulica Szafarnia machen. *Ołowianka 1 | www.filharmonia.gda.pl*

OPERA BAŁTYCKA ★ [118 C6]

Hier werden die bekanntesten Opern aufgeführt: Romeo und Julia, Don Giovanni, Eugen Onegin. Das Haus hat eine lange Geschichte; 1645 ging hier die erste Aufführung eines Opernspektakels in Danzig über die Bühne. 476 Plätze. *Aleja Zwycięstwa 1/145 B | www.operabaltycka.pl | Straßenbahn 10, 12: Opera Bałtycka*

Das passt! Klaus Kinskis Geburtshaus wurde nicht zum Museum, sondern zur Galeria Kiński

KNEIPEN & PUBS

GALERIA KIŃSKI [117 E4]

Im Geburtshaus von Klaus Kinski befand sich die erste Apotheke in

Sopot. Heute sind dort ein nettes zweistöckiges Café und eine Galerie untergebracht. Unter den echten Scheinwerfern fühlen Sie sich wie auf dem Set eines Films. An Kinski erinnert hier alles, selbst die Longdrinks heißen wie die Titel seiner Filme. Ewa und Andrzej Reichel, beide Bildhauer und Besitzer der Galeria, sind Fans von Kinski und seinem Schaffen, und mit ihnen können Sie (auf Englisch) stundenlang Insider Tipp über diese exaltierte Persönlichkeit diskutieren. Aufführungen von Kinski-Filmen, Fotoausstellungen und andere Veranstaltungen organisieren die beiden in ihrer Galerie ebenfalls. *Tgl. 15–3 Uhr | Kościuszki 10 | Sopot*

KAWALERKA BISTRO & CAFE ★ [115 D4]

Im „1-Zimmer-Apartment Bistro & Café“ kommt man sich wirklich wie in einer Einzimmerwohnung vor. Alte Einrichtungsstücke erinnern an die kommunistische Zeit. Ein guter Ort, um gemütlich ein kühles Bier mit Freunden zu genießen. *Tgl. 9–24 Uhr | Piwna 61–63 | www.bistrokawalerka.pl*

Insider Tipp **RED LIGHT ▶▶** [115 D4]

Durch eine rote Tür und durch rotes Licht geht's nach drinnen. Eine ideale Adresse, um einen Drink zu nehmen, um zu plaudern oder für einen Absacker. Unten auf einfachen Bänken oder oben auf weichen roten Sofas kommt hauptsächlich Bier in die Litergläser. Einen Martini on the rocks oder einen gigantischen Longdrink im 0,5-l-Format gibt's natürlich auch. Oft trifft man hier Studenten der Kunstakademie. *Tgl. 19 Uhr bis open end | Chlebnicka 9–12*

STACJA DE LUXE [118 C5] Insider Tipp

Eine Tankstelle de luxe! Von der ehemaligen Tankstelle sind nur noch eine rote und eine gelbe Zapfsäule geblieben. Aber das reicht schon, um ab und zu einen Autofahrer in das industriell geprägte Ambiente zu locken, der tanken möchte. Moderne, schwarz-rote Ferrarisitze dienen als Sessel, dazu passen Glastische und Glastheke. Hier werden Fußballspiele geguckt, oder man lauscht einem der regelmäßigen Livekonzerte (Breakbeat, Clubmusic). Frühstück, tagsüber leckeres Tagesmenü. *Tgl. 9–24 Uhr | Grunwaldzka 22 | www.stacjadeluxe.pl | Straßenbahn 10, 12: Miszewskiego*

KULTURZENTREN

CSW ŁAŹNIA [115 E5]

Früher eine Badeanstalt für die Einwohner Danzigs, heute das profilierteste Ausstellungszentrum in der Dreistadt. Konzerte, Filmvorführun-

>LOW BUDGET

- In Discos und Clubs kommen auch in Danzig weibliche Besucher meistens kostenlos hinein.
- Auf den Ausgehmeilen ulica Długa, ulica Piwna und Bohaterów Monte Cassino in Sopot werden tagsüber und abends Gutscheine für die angesagtesten Läden verteilt.
- Wer sparen muss, trinkt in den Studentendiscos *(Kwadratowa, Żak)* und Pubs am besten Bier – das ist am günstigsten. Dienstags kostet es zum Beispiel im *Degustatornia* nur 4 Zł.! *Grodzka 16* [115 E2] | *www.degustatornia.pl*

gen, Podiumsdiskussionen sowie Workshops. Die besten polnischen Künstler, wie z.B. der prominente polnische Maler Tomasz Ciecierski, präsentieren hier ihre Werke. *Di–So 12–18 Uhr | Eintritt 5 Zł. | Jaskółcza 1 | www.laznia.pl*

Insider Tipp

IS WYSPA/ INSTYTUT SZTUKI WYSPA [115 D1]

Auf dem Gelände der ehemaligen Lenin-Werft liegt heute „Die Insel". Die Veranstaltungen des Instituts sind eng mit dem Charakter des Orts und der historischen Rolle der Werft verbunden. Hier werden unabhängige Künstlerbewegungen sowie innovative Gegenwartskunst präsentiert. Interessante Installationen, kontroverse Ausstellungen, Konferenzen, Aufführungen und Diskussionen sowie eine gut sortierte Buchhandlung. *Di–So 12 bis 18 Uhr | Eintritt frei | Doki 1/145 B | www.wyspa.art.pl*

ŻAK ▶▶ [118 A4]

Kino, Theater, Galerie. Dazu gibt es auch Konzerte, DJ-Partys, Tanzkurse, Workshops und ein gemütliches Café – alles unter einem Dach. Der studentische Club Żak funktioniert bereits seit über 50 Jahren. Inzwischen treffen sich hier Leute jedes Alters. Coole Atmosphäre. *Büro tgl. ab 9 Uhr | Eintritt je nach Veranstaltung | Grunwaldzka 195–197 | www.klubzak.com.pl | Straßenbahn 10, 12: Wojska Polskiego*

OPEN AIR

PLAC ZEBRAŃ LUDOWYCH/ SCENA MUZYCZNA GDAŃSK ★ [114 B1]

Jedes Wochenende im Sommer finden auf dem riesigen Platz Konzerte polnischer und internationaler Stars statt. Im Winter verwandelt sich der Platz in eine riesige überdachte Eisbahn. *Eisbahn 8 Zł./50 Min. | Al. Zwycięstwa (Brama Oliwska) 1 | www.scenamuzyczna.pl | Straßenbahn 10, 12: Brama Oliwska*

SZENETREFFS

CAFE FERBER ★ [117 E3]

Das moderne Ambiente dient tagsüber als Café, abends wird es zum Szenetreff. Am Wochenende diverse DJ-Sets. Die bunten Longdrinks genießt man entweder an der beleuchteten Theke oder in bequemen Sofas. Weitere Filiale in Danzigs ulica Długa. *Tgl. 9 Uhr bis open end | Bohaterów Monte Cassino 48 | Sopot | www.ferber.pl*

CAFE SZAFA [115 D3]

Schon nachmittags und bis zum Morgengrauen wird hier auf zwei Etagen geplaudert und getanzt. Szafa (Schrank) ist magischer Treffpunkt der Dreistadt. Rauchen erlaubt. Heiße Rhythmen und heiße Luft, denn spätestens um 23 Uhr bekommt die Klimaanlage Probleme. *Tgl. 15 Uhr bis open end | Podmurze 2 | www.cafeszafa.pl*

GAZETA ROCK CAFE [115 D3]

Szeneort und Rockmusikmuseum zugleich. Das Lokal befindet sich mitten in der Altstadt im Keller der Zeitungsredaktion der „Gazeta Wyborcza". Es ist ein Treffpunkt von Danziger Journalisten und Vertretern der Kulturwelt, die hier ein kühles Blondes zu Rockmusik trinken. *Mi–Sa 19 Uhr bis open end | Tkacka 7–8 | www.rock-cafe.pl*

LA DOLCE VITA ★ [115 D4]

La Dolce Vita ist „a place to be". Das spürt man sofort in diesem frisch eröffneten Danziger Club. Bei Longdrinks treffen sich unter anderem Studenten der Danziger Kunstakademie. Abends spielen hier bekannte DJs. *Tgl. 16–2 Uhr | Chlebnicka 2 | www.ladolcevita.pl*

MANDARYNKA [117 E3]

Drei Theken, drei Etagen, drei Stile. Rund um die Woche, besonders in der Saison, ist es hier rappelvoll. Design-Einrichtung. Tagsüber ist das Mandarynka Pub und Restaurant, abends Club. Darüber hinaus finden während der ganzen Woche Ausstellungen und Konzerte statt. *Di–Do, So 12–2, Mo 13–1, Fr u. Sa 12–5 Uhr | Bema 6 | www.mandarynka.pl*

SOHO SOPOT [117 E3]

Vielfältiges Angebot. Partys mit den besten DJs aus ganz Polen, Ausstellungen und Filmvorführungen. Bartheken auf jeder Etage. Tanzfläche und Partyraum im Erdgeschoss. Gemütliche, fast familiäre Atmosphäre. *Tgl. 16 Uhr bis open end | Bohaterów Monte Cassino 61 | Sopot | www.sohosopot.pl*

YESTERDAY [115 D4]

Schick, schrill und farbenfroh. Modeschauen, Bühnenauftritte der bekanntesten polnischen Komiker und Tanzabende. Hier treffen sich Jugendliche, Studenten und Touristen, die einfach Spaß haben wollen. Speisen gibt's im Café Yesterday. *Tgl. 19 Uhr bis open end | Piwna 50–51 | www.yesterday-klub.pl*

DJ at work: Im Soho Sopot wird die Musik mit der Hand gemacht, könnte man sagen

> GESCHICHTE UND MODERNITÄT UNTER EINEM DACH

Eine reiche Hotellandschaft erwartet Sie in Danzig. Kleine Pensionen und noble Hotels in der Altstadt, dazu Luxushotels am Stadtrand

> Danzig ist seit eh und je bei Touristen beliebt, deswegen gibt es genügend Betten. Nach dem Zerfall des Kommunismus sprossen Anfang der 90er-Jahre Hunderte kleiner Pensionen und Gasthäuser wie Pilze aus dem Boden; und auch die großen Kettenhotels sind inzwischen in Danzig vertreten.

Etwa 40000 Übernachtungsplätze bietet die Stadt Danzig, und bis zur Fußball-Europameisterschaft im Jahr 2012 sollen es noch mehr werden.

Bild: Willa Litarion

In der Sommerzeit (vor allem Mitte Juli bis Mitte August) sollten Sie Ihr Hotel rechtzeitig buchen, um noch genügend Auswahl zu haben und sicher zu sein, dass Sie auch im gewünschten Hotel unterkommen. Unter *www.hotele-polskie.pl/gdansk.php* können Sie online suchen und reservieren. Die günstigsten Angebote finden Sie unter *www.booking.pl* oder unter *www.hotelewgdansku.eu*, Schnäppchen machen Sie unter ande-

ÜBER NACHTEN

rem bei *www.staypoland.com/hotele-gdansk.asp*.

HOTELS €€€

AUREUS [115 D2]

Die frische, lindgrüne Fassade des typischen Danziger Kaufmannshauses hebt es aus den benachbarten Häusern heraus. Es liegt etwas abseits der Altstadt. Die Zimmer sind nicht groß, aber sonnig und komfortabel, an einigen Wänden wurden die originalen Ziegelsteine aus dem 18. Jh. belassen. Elegante weiße Möbel. In der Markthalle um die Ecke kaufen Sie frisches Obst und polnische Leckereien. *32 Zi. | Sieroca 3 | Tel. 583 26 07 50 | www.hotelaureus.pl*

HOTEL GDAŃSKI ★ [115 E4]

Das neue Boutiquehotel Gdański befindet sich in einem frisch renovierten Speicher. Weiß und Gelb vermischen sich hier mit orangeroten Verzierungen und Elementen aus dunklem Holz. Schwarz-weiße Großformatfotos der Danziger Sehenswürdigkeiten schmücken die Wände. Sehr elegante Inneneinrichtung, komfortable Zimmer. Nur zehn Minuten Fußweg ins Herz der Altstadt. Ebenfalls im Speicher befindet sich die Brauerei Brovarnia Gdańsk. *48 Zi. | Szafarnia 9 | Tel. 583 00 17 17 | www.hotelgdansk.com.pl*

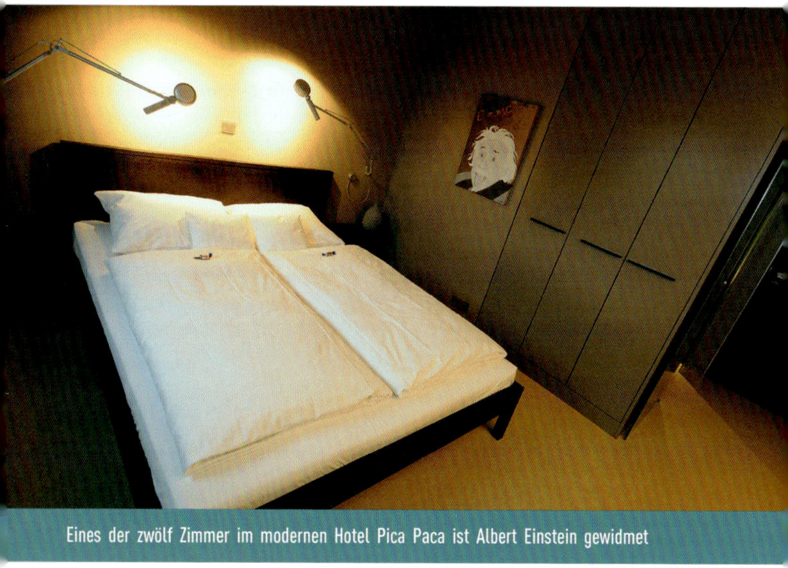

Eines der zwölf Zimmer im modernen Hotel Pica Paca ist Albert Einstein gewidmet

Insider Tipp

HOTEL HANZA [115 D3]

Im Herzen der Altstadt, direkt an der Mottlau in historischer Umgebung gelegen. Geräumige Zimmer in Pastelltönen, mit viel Holz. XXL-Betten! Die großen Fenster lassen sehr viel Licht ins Zimmer und gewähren einen romantischen Ausblick auf Fluss und Yachthafen. Die moderne Architektur und die weiß-braune Fassade des Hotels passen perfekt in die umliegende Bebauung. Sehr gutes Preis-Leistungs-Verhältnis! Sie können sich einen Laptop ins Zimmer bestellen. *60 Zi. | Tokarska 6 | Tel. 583 05 34 27 | www.hanza-hotel.com.pl*

HOTEL KRÓLEWSKI ★ [115 E3]

Das massive Gebäude mit vier Stockwerken, direkt am Wasser auf der Bleihofinsel, war eigentlich ein Geschenk an den polnischen König Kazimierz Jagiellończyk: Im 15. Jh. verpflichtete sich die Stadt Danzig, dem König einen prächtigen Speicher zu bauen. Der „Königliche Speicher" besitzt einen sehenswerten Dachfirst. Die Lobby mit einem stilvollen Kamin ist in leuchtendem Beige gehalten. Große Holzbetten. Edelrestaurant und Bar im Erdgeschoss. Das Hotel ist mit dem Gebäude der Frédéric-Chopin-Philharmonie verbunden. *30 Zi. | Ołowianka 1 | Tel. 583 26 11 11 | www.hotelkrolewski.pl*

HOTEL WOLNE MIASTO [114 C3]

Die berühmtesten Sehenswürdigkeiten in Danzig sind um die Ecke – nur fünf Gehminuten sind es bis in die Altstadt. Die zauberhaften Zimmer – etwas klein, aber stilvoll in Goldtönen gehalten – tragen alle die Namen von Danziger Straßen oder Denkmälern. Wegen der nahen, viel befahrenen Straße kann es tagsüber etwas laut sein. *43 Zi. | Św. Ducha 2 | Tel. 583 22 24 42 | www.hotelwm.pl*

HOTELS €€

DOM SCHUMANNOW [115 D4]

Hier schlägt das Herz der Altstadt, aus jedem Fenster des „Schumann-Hauses" Insider Tipp schauen Sie direkt auf die Langgasse. Trotzdem genießen Sie hier Ruhe und Behaglichkeit in den hellen, im Renaissancestil eingerichteten Zimmern, die Sie in die Zeit der Danziger Bürgermeisterfamilie Schumann versetzen. Das freundliche Personal versorgt Sie mit guten Tipps. *9 Zi. | Długa 45 | Tel. 583 01 52 72 | www.domschumannow.pl*

HOTEL LIVAL ★ [U D4]

Sie wohnen direkt am Ostseestrand. Spaziergänge, Nordic Walking oder Radtouren können Sie direkt vorm Hotel starten, auf einem der längsten städtischen Radwege Europas. Echte Ferienatmosphäre. Die Zimmer sind in Pastellfarben gestrichen, sonnig, mit herrlichem Meerblick. Lassen Sie sich im Massagestudio des Hotels oder in der Sauna verwöhnen. *35 Zi. | Mlodzieży Polskiej 10–12 | Brzeźno | ca. 8 km vom Stadtzentrum | Tel. 585 22 02 00 | www.hotel-lival.pl | Straßenbahn 13: Brzeźno*

HOTEL PICA PACA [115 E4]

Das Innere bietet mehr Luxus, als man von draußen vermuten würde. Jedes der mondänen Zimmer ist einer berühmten Person gewidmet; Sie wohnen im Apartment „Grace Kelly" oder „Galileo Galilei". Guten Schlaf garantieren die Kingsize-Betten, doch Ruhe findet man schon in den klaren Linien und den gedeckten, grünlich-grauen Tönen der Einrichtung mit Bildern der Künstlerin Nina Soentge-

MARCO POLO HIGHLIGHTS

★ **Hotel Gdański**
Boutiquehotel in einem alten Speicher mit einer Brauerei im selben Gebäude (Seite 81)

★ **Hotel Królewski**
„Musikalisches" Wohnen mit direktem Kontakt zur Künstlerszene der angrenzenden Philharmonie (Seite 82)

★ **Hotel Lival**
Urlaubsgenuss pur: breites Wellnessangebot und nur 5 m zum Strand (Seite 83)

★ **Dwór Oliwski**
Edles Landhaus und Refugium (Seite 84)

★ **Zajazd pod Olivką**
Familienatmosphäre mitten im malerischen Landschaftspark (Seite 87)

rath. Der Service lässt keine individuellen Wünsche offen. An der futuristischen Hotelbar treffen Sie hauptsächlich Gäste aus dem europäischen Ausland. *12 Zi. | Spichrzowa 20 | Tel. 583 20 20 70 | www.picapaca.pl*

HOTEL SZYDŁOWSKI [118 C5]

Das Hotel liegt zentral im Stadtteil Wrzeszcz, unweit vom Bahnhof. Sie wohnen direkt an der Hauptstraße zwischen Danzig und Sopot. Auch den Flughafen erreichen Sie von hier aus in wenigen Minuten. Traditionelle, saubere Zimmer. Braune, glänzende Möbel passen gut zu den hellen Wänden. Nach einem aufregenden Tag können Sie sich in der Hotelsauna oder bei einer Massagebehandlung erholen. Zum Hotel gehört auch ein Insider Tipp nettes Café, in dem die von der Familie Szydłowski selbst gemachten Kuchen, Kekse und Torten serviert werden. *35 Zi. | Grunwaldzka 114 | Tel. 583 45 70 40 | www.szydlowski.pl*

KAMIENICA GOLDWASSER [115 D4]

Das kleine, gemütliche Hotel befindet sich direkt an der Langen Brücke, die Zimmer haben Blick auf den Mottlau-Kanal und den Yachthafen. Es gibt kleine Zimmer mit Terrasse und Zwei-Zimmer-Apartments mit Salon und Schlafzimmer, eingerichtet im skandinavischen Stil – Sie können aber auch ganz romantisch in einem XXL-Bett am Kamin einschlafen. Der deutsche Besitzer berät Sie gern, auch bei der Speisenauswahl im zum Hotel gehörenden Restaurant. *7 Zi. u. Apt. | Długie Pobrzeże 22 | Tel. 583 01 88 78 | www.goldwasser.pl*

> LUXUSHOTELS

Exquisites Wohnen und Übernachten

DWÓR OLIWSKI ★ [118 B3]

Auf einem Hof aus dem 17. Jh., mitten im Wald im alten Danziger Stadtteil Oliwa, liegt das stilvolle Dwór Oliwski. Das rekonstruierte weiße Fachwerkhaus mit seinem Reetdach ist von einem bezaubernden Garten umgeben. Helle Farben, weiße Möbel im Kolonialstil, luftige Vorhänge und frische Blumen machen aus dem Hotel eine Ruheoase. Ein Restaurant mit französisch inspirierter Küche, eine gemütliche Teestube sowie Bar und Weinkeller sind nur einige der Attraktionen. Tolle Sonntagslunch-Aktionen. Schwimmbad, finnische und türkische Sauna, Jacuzzi. *70 Zi. | ab 170 Euro inkl. Frühstück | Bytowska 4 | ca. 12 km vom Stadtzentrum (nur mit Auto bzw. Taxi erreichbar) | Tel. 585 54 70 00 | www.dwor-oliwski.com.pl*

HOTEL PODEWILS [115 E3]

Himmlische Ruhe im Herzen der Altstadt. Das Podewils ist ein nobles kleines Fünf-Sterne-Hotel am anderen Mottlau-Ufer. Am Kamin im Untergeschoss des Hotels fühlen Sie sich wie zu Hause. Jedes Zimmer unterscheidet sich nicht nur farblich von den anderen, auch die Einrichtungen haben jeweils ein anderes Motto. Edelholzmöbel, schwere Vorhänge und Stofftapeten bestimmen das Ambiente. Elegantes Restaurant mit großer Terrasse. *10 Zi. | ab 160 Euro inkl. Frühstück | Szafarnia 2 | Tel. 583 00 95 60 | www.podewils.pl*

sider ipp **VILLA EVA** [118 B5]

Nah am Wald des Dreistädtischen Landschaftsparks gelegen, wirkt die filigrane rosa Villa wie aus einem Märchen. Das schicke Innere, dem imposanten Wiener Sezessionsstil verpflichtet, besticht mit eleganten Palisandermöbeln, dekorativen Stoffen und stimmungsvoller Beleuchtung. Die großzügigen, hellen Zimmer vermitteln einen Hauch von Luxus. Das gemütliche Restaurant mit den dekorativen Weinregalen bietet Spezialitäten der polnischen und internationalen Küche sowie eine umfangreiche Weinkarte. Prominente wie Günter Grass entziehen sich hier gerne dem Trubel der Stadt. *14 Zi. | Batorego 28 | Tel. 583 41 67 85 | www.villaeva.pl*

WILLA LITARION [115 E4]

Guter Ausgangspunkt, um die Altstadt zu erkunden und sich zwischendurch auch mal Ruhepausen zu gönnen. Das kleine Hotel liegt inmitten in einer Reihe von Kaufmannshäusern in der Nähe der Mottlau. Es wurde erst kürzlich eröffnet, die Zimmer sind in Weiß gehalten mit Stoffakzenten in Schwarz und Bordeauxrot. Die Tiefgarage (30 Zł./24 Std.) ist für motorisierte Gäste ein großer Komfort, da in der Altstadt Parkplätze rar sind. *13 Zi. | Spichrzowa 18 | Tel. 583 20 25 53 | www.litarion.pl*

Gediegen und gemütlich: Die Lobby im Hotel Podewils empfängt den Gast mit dezentem Charme

HOTELS €

DOM AKTORA [115 D3]

Im Herzen der Altstadt blicken Sie durch die Fenster des „Schauspielerhauses" auf die bezaubernde Gasse Straganiarska und die typischen Danziger Backsteinhäuser. Das Hotel erinnert mit seiner bescheidenen Einrichtung an den Beginn der 90er-Jahre in Polen. Es gibt entweder dunkelbraune Doppelbetten oder Einzelbetten aus Kiefernholz. Weiß gestrichene Wände und bunte Tapeten, dazu türkische Teppiche. Sehr hell. Künstler erhalten 15 Prozent Rabatt! *12 Zi.* | *Straganiarska 55/56* | *Tel. 583 01 59 01* | *www.domaktora.pl*

DOM MUZYKA **[115 E4]**

Ein gutes Preis-Leistungs-Verhältnis zeichnet das „Musikhaus" aus. Die Zimmer sind relativ groß und weiß gestrichen; in den meisten von ihnen steht ein Schreibtisch. 15–20 Minuten zu Fuß trennen Sie von der Altstadt. Vor dem Hotel gibt es einen unbewachten Parkplatz. Im anderen Teil des prächtigen Gebäudes aus dem 19. Jh., der Musikhochschule, finden gelegentlich Konzerte statt. *87 Zi.* | *Łąkowa 1–2* | *Tel. 583 26 06 00* | *www.dom-muzyka.pl*

Insid Tip

Kajüte statt Zimmer, Koje statt Bett: Auf der Mottlau schwimmt das Pepperland Hostel

NOVOTEL GDAŃSK CENTRUM **[115 D4]**

Der große Hotelkomplex befindet sich in etwa 500 m Entfernung von den Danziger Sehenswürdigkeiten und Museen. Außer einem bequemen Bett gibt es in jedem Zimmer zusätzlich ein Schlafsofa und einen Schreibtisch. Im Restaurant *Garden Brasserie* gibt es polnische und internationale Küche. Das Hotel verfügt über einen bewachten Parkplatz. *158 Zi.* | *Pszenna 1* | *Tel. 583 00 27 50* | *www.orbis.pl/pl/gdansk/hotele/*

PEPPERLAND HOSTEL **[115 E3]**

Hier schlafen Sie auf einer lustigen Barke, die auf Dauer am Ufer des

Kanals festgemacht hat. In jeder der 15 Kajüten gibt es zwei Etagenbetten und ein Schlafsofa, dazu im Unterdeck ein Einzelzimmer. Blick auf die Altstadt oder auf den Kanal. Wenn es warm genug ist, können Sie auf der Sommerterrasse frühstücken. Zimmer mit Frühstück ab 25 Euro. Gemeinsame Toiletten und Duschen. *16 Kajüten | Wartka 2 | Mottlau-Ufer | Tel. 793 37 66 67 u. 698 85 77 99*

VILLA BIAŁA LILIA [115 E4]

Das gemütliche Hotel in einem rekonstruierten Danziger Backhaus liegt nur fünf Minuten zu Fuß von der Altstadt entfernt. Manche der in hellen Farben gehaltenen Zimmer sind etwas eng, dafür aber sehr ruhig. Gute Adresse für einen kurzen Businessaufenthalt oder eine Besichtigungstour. Im Erdgeschoss des Hotels befindet sich eine Tiefgarage. *16 Zi. | Spichrzowa 16 | Tel. 583 01 70 74 | www.bialalilia.pl*

WILLA JAŚKOWY DWOREK [118 B6]

Das Hotel liegt im alten Villenviertel im Tal des Stadtteils Wrzeszcz – hier lernen Sie das Wohngefühl der besser situierten Danziger kennen. In die Altstadt sind es nur 12 Minuten mit der Bahn. Dezente Farben: im ersten Stock Blau und Gelb, im zweiten Pastellgrün. In jedem Zimmer gibt es LCD-Fernseher, eine Arbeitsecke, in zwei Zimmern auch eine Küchenzeile. Der einfache Landhausstil zaubert heimelige Stimmung. Kleine finnische Sauna und kleine Bar. *12 Zi. | Jaśkowa Dolina 57a | Tel. 587 18 86 75 | www.jaskowydworek.pl | ZTM Bus 127, 129, 162: Na Wzgórzu*

ZAJAZD POD OLIVKĄ ★ [118 B2]

Familienfreundliche Adresse, etwas abseits im Stadtteil Oliwa gelegen, in der Nähe des gleichnamigen Landschaftsparks. Trotzdem kommen Sie von hier aus schnell überall hin – zur Altstadt sind es kaum 15 Minuten, und auch der Zoo ist nur ein paar Minuten entfernt. Während es sich die Eltern auf der großen Gartenterrasse bei einem Glas Wein gemütlich machen, begeistert der hoteleigene Spielplatz die Kinder. Die Zimmer sind großzügig und modern, mit Fernseher und viel Stauraum. Hotelrestaurant mit polnischen Spezialitäten. *21 Zi. | Kościerska 1a | Tel. 585 20 97 99 | www.podolivka.pl | ZTM-Bus 169: Cystersów, Reniszewo*

>LOW BUDGET

- > *Gdańsk Hostel Targ Rybny:* In einem historischen Gebäude, direkt in der Altstadt, mit Blick auf altstädtisches Panorama und den Mottlau-Kanal. Nette, in Blautönen eingerichtete Zimmer ab 12 Euro, Einzelzimmer ab 20 Euro. *10 Zi. | Grodzka 21* [115 E3] *| Tel. 583 01 56 27 | www.gdanskhostel.com.pl*
- > *Old Town Hostel*: Gute Lage in der Nähe der Altstadt, 10 Minuten mit der Bahn zum Hauptbahnhof. Zimmer ab 10 Euro inklusive Frühstücksbuffet, Küchenzugang. Schlafplätze für 2, 4, 6 und 8 Personen in hellen, sauberen Räumen mit Etagenbetten. Frisch renovierte Sanitäranlagen. Zu Gast sind hier hauptsächlich junge Leute aus den westlichen EU-Ländern. *7 Zi. | Długa Grobla 7* [115 F4] *| Tel. 583 51 31 31 | www.hostel.hnet.pl*

KINDER MIT UND LOS!

Schwimmen, reiten, klettern – und die Danziger Geschichte auf ganz besondere Weise erkunden

AQUAPARK SOPOT [117 D1]

Freie und überdachte Schwimmbecken, ein Wildwasserfluss, zwei riesige Stromschnellen und Wasserfälle bietet der Aquapark Sopot. Während Sie auf der Terrasse die Sonnenstrahlen genießen oder in einer der neun Saunas im ersten Stock des Erholungszentrums entspannen, schwimmt und spielt Ihr Kind unter den Augen eines Rettungsschwimmers. Jeden Morgen gibt es Schwimmunterricht für ganz kleine Kinder – zusammen mit den Eltern. Vor Ort befindet sich das Aqua-Restaurant. *Tgl. 8–22 Uhr | Schwimmbäder ohne Zeitlimit: Mo–Fr 45 Zł.; Sa u. So 55 Zł., Kinder 45 Zł. | Zamkowa Góra 3–5 | Sopot | Tel. 585 55 85 55 | www.aquaparksopot.pl | SKM-Zug: Sopot Kamienny Potok*

BILDUNGSZENTRUM „DER HIMMELBLAUE LÖWE" (CENTRUM EDUKACJI BŁĘKITNY LEW) ★ [115 D5]

Keine Ausstellung, in der Kinder sich langweilen! Das Museum befindet sich in dem gut erhaltenen Speicher „Der himmelblaue Löwe", der im 17. Jh. erbaut wurde. Auf rund 3000 m² Fläche und sieben Ebenen erleben Sie die mittelalterliche Stadt Danzig hautnah: Die Gerüche und Geräusche der Danziger Straßen entführen Sie in vergangene Zeiten, der Klang der Kirchenglocken begleitet Sie ebenso wie der Lärm der Werkzeuge oder auch Tiergeräusche. Sie wandern durch verschiedene Stuben und können rekonstruierte Schuhmacher-, Gerber- und Schneiderwerkstätten und ein altes Apothekenlabor bestaunen. Ein mittelalterliches Badehaus, eine Prägeanstalt und eine typische Hansegasse können Sie ebenfalls besuchen. Das Bildungszentrum veranstaltet auch Kindertreffen mit leckerem Essen und Musketiershows. *Di–So 10–18 Uhr | Eintritt 8 Zł., Kinder 5 Zł. | Chmielna 53 | Tel. 583 20 31 88 | www.archeologia.pl | Straßenbahn 8, 13: Chmielna*

KINDERBETREUUNG [118 C2]

Sie wollen shoppen, aber Sie haben Ihre Kinder dabei? Kein Problem! Im Ein-

> MIT KINDERN UNTERWEGS

kaufszentrum *Manhattan* gibt es im vierten Stock einen speziellen Spielplatz für Ihre Kleinen. Eine Ecke mit Kinderbüchern und Spielzeugen, ein Becken mit kleinen bunten Bällen und Rutschen. Ihre Kinder werden gar nicht merken, dass Sie weg sind! *Tgl. 9–21 Uhr | Mo–Do 10 Zł./Std., Fr–So 14 Zł./Std. | Grunwaldzka 82 | Tel. 587 67 75 05 | www.gchmanhattan.pl/00000/?action=sklepy | Straßenbahn 10, 12: Jaśkowa Dolina*

sider Tipp

ZOOLOGISCHER GARTEN (OLIWSKIE ZOO) [118 B2]

Rund 220 einheimische und exotische Tierarten aus allen Kontinenten leben hier: Der Zoologische Garten in Oliwa hat rund 1100 Einwohner, darunter Affen, Elefanten, Geparden, Giraffen, Schlangen, Robben, viele bunte Vogelarten und noch viele, viele mehr. Die Tierwelt der Danziger Region bewohnt ein über 130 ha großes Waldgebiet. Sind Ihre Kinder noch sehr klein? Kein Problem, denn auf den gut gepflegten Wegen kommen Sie mit dem Kinderwagen gut voran. Eine fröhliche *Bimmelbahnrundfahrt* mit einem kundigen Führer macht nicht nur den Kindern Spaß – Sie müssen sich aber vorher anmelden *(April–Sept. | 45 Min. 8 Zł., Kinder unter 3 Jahren kostenlos | Tel. 583 43 48 77 | www.zoociuchcia.pl)*.

Der Zoo bietet auch Kutschfahrten und Ponyausritte für Kinder an. Brauchen Sie einen Adrenalinkick? Für etwas ältere Kinder und Erwachsene gibt es einen *Kletter- und Seilpark (im Sommer tgl. 10–18 Uhr | ab 10 Zł.)*. Da klettern Sie wie Indiana Jones auf den hoch oben befestigten Brücken von Baum zu Baum. Keine Angst um Ihre Kinder, jedes bekommt eine alpinistische Ausrüstung. Viele Tische und Bänke im Park schaffen ideale Bedingungen für ein Picknick. Wenn Sie keine Lust haben, Proviant mitzunehmen, können Sie in einem der Zoo-Bistros speisen. *Mai–Sept. tgl. 9–19, April/Okt. 9–17, Nov.–März 9–15 Uhr | Eintritt 12 Zł., Kinder 6 Zł. | Karwieńska 3 | Oliwa | www.zoo.gd.pl | ZTK-Bus 179: Oliwa Zoo*

Insider Tipp

> ZWEI SEITEN EINER STADT

Danzigs wechselvolle Geschichte und seine schöne Umgebung zu Fuß und mit dem Schiff erleben

Die Spaziergänge sind auf dem hinteren Umschlag und im Reiseatlas grün markiert

1 HAFENRUNDFAHRT, WEICHSELMÜNDUNG, WESTERPLATTE

Dieser Stadtspaziergang nimmt Sie mit auf eine Hafenrundfahrt, und Sie besichtigen die Festung Weichselmünde sowie die Halbinsel Westerplatte. Dauer: 4–5 Stunden. Unbedingt eine große Wasserflasche mitnehmen!

Besteigen Sie am **Grünen Tor** *(Zielona Brama, S. 31)* eines der Schiffe der Weißen Flotte und lassen Sie die Danziger Sehenswürdigkeiten gemächlich an sich vorbeiziehen. Bewundern Sie die typisch hanseatischen Bauwerke auf der linken Kanalseite sowie das schöne Gebäude der **Philharmonie** *(S. 76)* mit dem Freilufttheater auf der rechten Seite. Dann folgen die Danziger Werft, die Nordwerft und der **Hafen**. Sie fahren an der **Festung Weichselmünde** *(Twierdza Wisłoujście),* die an der Weichselmündung direkt am Hafenkanal liegt,

Bild: Westerplatte

STADT SPAZIERGÄNGE

vorbei. Leider können Sie hier nicht aussteigen. Wenn Sie die Festung besichtigen wollen, dann nehmen Sie an einem anderen Tag an einer Führung teil. Es lohnt sich! *(Besichtigung nur in Gruppen | April–Juni u. Sept.–Nov. tgl. 10–18 Uhr | 8 Zł. | Tel. 583 43 14 05 | www.mhmg.pl).* Die etwa 500 Jahre alte Festung ist sehr gut erhalten, unverkennbar ist der holländische Einfluss. Bis ins 18. Jh. diente sie der Verteidigung. Der Leuchtturm zeigte den Seeleuten den Weg nach Hause. Nur wenige Minuten später hält das Schiff, und Sie können aussteigen auf die Halbinsel **Westerplatte** *(S. 53)*. Das Feuer, mit dem der deutsche Panzerkreuzer „Schleswig-Holstein" hier am 1. September 1939 um 4.45 Uhr morgens die polnische Stellung auf der Halbinsel belegte, markierte den Beginn des Zweiten Weltkriegs. Von den vier Wachhäusern auf der Westerplatte ist

Insider Tipp

nur eins als kleines Museum erhalten. Wenn Sie ins Museum hineingehen, sehen Sie ausgestellte Funkgeräte, Gewehre und Fotografien *(Wachhaus Nummer 1 | Mjr. H. Sucharskiego | tgl. 9–19 Uhr | Eintritt 3 Zł. | www.mhmg.gda.pl)*. In einer großen Parkanlage gleich neben dem Museum finden Sie Gedenktafeln für die Gefallenen, Überreste der alten Befestigungen sowie ein über 20 m hohes Denkmal für die lediglich 182 Soldaten, die damals sieben Tage lang die Küste verteidigt haben. Das Schiff, mit dem Sie gekommen sind, hält nur zehn Minuten, bevor es weiterfährt. Wenn Sie einen längeren Zwischenstopp einlegen wollen, müssen Sie das nächste Schiff abwarten. Das bringt Sie wieder zurück an Ihren Ausgangsort am Mottlau-Ufer. *Linie Gdańsk–Hafen–Westerplatte: Abfahrt Juni–Aug. tgl. 10–17 Uhr jede volle Std., April–Mai u. Sept.–Nov. 10–14 Uhr alle 2 Std. Das letzte Schiff fährt Juni–Aug. um 18 Uhr von der Westerplatte zurück, April–Mai u. Sept. bis Nov. um 15 Uhr | Fahrt 30 Zł. (Ticket ist den ganzen Tag gültig) | Tel. 583 01 49 26 | www.zegluga.pl*

2 OLIWA

Der Spaziergang führt Sie in den ältesten Stadtteil von Danzig, nach Oliwa. Sie kommen vorbei am Schlossgarten des Zisterzienserklosters, an einem Aussichtsturm und einer erzbischöflichen Kathedrale – mit Orgelkonzert. Nehmen Sie sich für diesen Spaziergang ruhig einen ganzen Tag Zeit. Straßenbahn 12: Endstation, ZTM-Bus 122: Oliwa Pętla Tramwajowa, SKM-Zug: Oliwa Główna

Startpunkt ist der bezaubernde Schlossgarten ★ *Oliwski-Park* rund um das barocke Palais. Auf über 10 ha Fläche bummeln Sie am Bach entlang und wandern durch romantische grüne Alleen zwischen Teichen. Und wenn das Wetter schön ist, können Sie sich gemütlich auf einer der zahlreichen Bänke niederlassen und die schöne Umgebung genießen. Der **Oliwski-Park** *(April bis Sept. tgl. 5–23, Okt.–März 5.30 bis 20.30 Uhr)* wurde von Zisterziensermönchen als Schlossgarten angelegt. Inspiriert vom Architekten der Versailler Gärten, André Le Nôtre, entstand der barocke, französische Teil des Oliwski-Parks. Großen Einfluss auf die Gestaltung hatte auch Jan Jerzy Saltzmann, dessen Vater den Schlossgarten in Potsdam entworfen hat. Während Ihres Spaziergangs begegnen Sie im nördlichen Teil des Parks auch chinesischen Einflüssen: kleine Tempel und Lauben, krumme Pfade und imitierte wilde Flüsse.

Eine Attraktion des Parks ist das Palmenhaus, eine weitere das gelbe Rokokopalais **Pałac Opatów**. Ende des Zweiten Weltkriegs wurde es von den Nazis niedergebrannt und erst Mitte der 60er-Jahre wieder errichtet. Heute befindet sich in dem Palais neben einem noblen Restaurant das **Nationalmuseum Zeitgenössischer Kunst** *(Muzeum Narodowe w Gdańsku | Cystersów 18 | Mai–Sept. Di–So 10–17 Uhr, Okt. bis April Di–Fr 9–16, Sa u. So 10–17 Uhr | Eintritt 10 Zł., Fr frei | www.muzeum.narodowe.gda.pl)*. Regelmäßig finden im Oliwski-Park Open-Air-Konzerte mit klassischer Musik statt, und wundern Sie sich nicht, wenn Sie hier am Wochenende Brautpaaren

Insider Tipp

begegnen: Im Stundentakt wird im Palais geheiratet.

Fünf Minuten vom Park entfernt steht die **Kathedrale** von Oliwa, die zum Bischofssitz der Diözese Danzig

Wunderbar eingepasst ins Gewölbe der Kathedrale von Oliwa ist ihre weltberühmte Orgel

erhoben wurde *(Cystersów 16)*. Die Kathedrale mit den zwei charakteristischen Türmen gilt als eine der schönsten weltweit. Sie entstand ab 1350, und ihre 23 Altäre sind über die Jahrhunderte in verschiedenen Stilen geschaffen worden: Gotik, Renaissance, Barock und Rokoko. Der größte Schatz dieser Kathedrale aber ist die weltberühmte ★ *Orgel* aus dem 18. Jh., ein Werk von Jan Wilhelm Wulf aus Orneta. Nicht nur ihr Klang, sondern auch die vielen barock verspielten Engel und Putten, die sie schmücken, werden Ihnen in Erinnerung bleiben. Regelmäßig gibt es hier kurze, etwa 20-minütige Orgelkonzerte *(immer zur vollen Stunde: Jan. bis März 12, So 15; April 11, 12, So 15, 16; Mai 10–13, So 15, 16; Juni 10–16, Sa 10–15, So 15–17; Juli u. Aug. 10–17, Sa 10–15, So 15–17; Sept. 10–13, So 15, 16; Okt. 11, 12, So 15; Nov. u. Dez. 12, So 15 Uhr | kleine Spende erbeten)*.

Und wenn Sie nach dem Konzert noch etwas spazieren gehen wollen: Unweit der Kathedrale finden Sie auf dem **Karlsberg** auf genau 101 m Höhe den Aussichtsturm **Pachołek**, von dem aus Sie die Landschaft rund um Oliwa bewundern können. 212 Stufen trennen Sie von dieser fantastischen Aussicht *(rund um die Uhr | Eintritt frei)*.

EIN TAG IN UND UM DANZIG

Action pur und einmalige Erlebnisse.
Gehen Sie auf Tour mit unserem Szene-Scout

SÜSSER START IN DEN TAG

9:00

Leckermäuler aufgepasst! In der traditionsreichen Konditorei *Cukiernia Sowa* verführt eine riesige Auswahl an Torten, Kuchen und Pralinen zum Probieren. In die stylishen Sofas sinken und genießen! **WO?** *Grunwaldzka 75 | Tel. 500 66 65 03 | www.cukiernia-sowa-gdansk.pl*

9:30

SPURENSUCHE

Mit den Guides von *Gdańsk Pissup* machen sich Interessierte auf den Weg in die kommunistische Vergangenheit. Sie werden sehen, wo Lech Wałęsa gewohnt hat und bei interessanten Geschichten in einer typisch polnischen Bar einen Schluck Wodka probieren. **WO?** *Kosten: ca. 175 Zł. | Anmeldung und Treffpunkt unter www.pissup.com*

SPORTLICH

13:00

Im Sommer geht's per Kajak durch Danzig: Paddelnd erkunden Sportliche auf der Mottlau Teile der Altstadt. Hoch hinaus geht's dagegen im Winter: In der Kletterhalle *Elewator* warten auf 200 m² jede Menge Herausforderungen. **WO?** *Kajak: Gdańsk Tours | Kosten: 12 Zł./Std. | Anmeldung online unter www.gdansktours.com | Kletterwand Elewator | Droszyńskiego 15 | Kosten: ab 10 Zł. | Tel. 585 58 14 03 | www.elewator.com*

14:00

MARITIMER LUNCH

Schiffsmodelle an der Decke, Kompass am Tresen – all das erwartet Kenner der polnischen Küche im Restaurant *Tawerna*. Und auch wer keinen Fisch mag, wird von den kaschubischen Spezialitäten begeistert sein. **WO?** *Powroźnicza 19–20 | Tel. 583 01 41 14 | www.tawerna.pl*

24h

GOLD DES MEERES

15:00

Wer sich für Bernstein interessiert, ist in Danzig genau richtig. Die Schmuckdesigner der Bernsteinmanufaktur Michel erzählen die Geschichte der gelben Steine. Dann heißt es selbst Hand anlegen und sich als Bernsteinveredler versuchen. **WO?** *Manufaktura Galerii Michel | Sosnowa 33 | Anmeldung unter Tel. 586 83 43 82 | www.ambermanufacture.com.pl/michel_d/Amber Manufacture.html | Sa und So nach Absprache*

17:00

ROMANTIK PUR!

Verliebte kommen 20 Autominuten westlich von Danzig auf ihre Kosten. Kurz vor der Dämmerung in die Kutsche von Osrodek Tabun kuscheln und frische Luft und unberührte Natur genießen, bis das Abendrot den Horizont rot färbt. Übrigens: Im Winter wird auf den Schlitten umgesattelt. **WO?** *Konna 29, Otomin | Anmeldung unter Tel. 583 03 97 10 | Kosten: Kutsche 150 Zł./Std., Schlitten 200 Zł./Std. | www.tabun.kuznia.net*

MODERN DINNER

19:00

Zwischen den Backsteinmauern des riesigen ehemaligen Elektrizitätswerks werden Feinschmecker durch eine hochmoderne Küche verwöhnt. Suppen in Form kleiner Kügelchen oder dampfendes Eis – das ist Molekularküche vom Feinsten. Tipp: Im Sommer hat man einen gigantischen Ausblick von der Dachterrasse. **WO?** *Restauracja Filharmonia | Ołowianka 1 | Tel. 583 23 83 58 | www.restauracjafilharmonia.pl*

22:00

JAZZNIGHT

Die polnische Jazzszene hat einiges zu bieten. Davon überzeugt man sich am besten im *Blue Time Jazz Club*. Schummrige Atmosphäre und reduziertes Design geben dem Club sein besonderes Flair, denn hier dreht sich alles um eines: Jazz pur! **WO?** *Kaprów 19d, Oliwa | Tel. 583 41 93 64 | www.bluetime.pl*

STRÄNDE, SEEN UND EINE BURG

Danzig ist ein idealer Ausgangspunkt für Touren an die Ostseeküste und zu den Residenzen der Ordensritter

1 HALBINSEL HEL (MIERZEJA HELSKA)

Auf der 34 km langen Halbinsel Hel [121 D–E 1–2], die an manchen Stellen kaum 150 m breit ist, liegt ein Campingplatz neben dem anderen. Die malerischen kleinen Fischerstädtchen und Fischerhäfen verzaubern auf den ersten Blick, und die Sandstrände sind ein Paradies für Badelustige. Die idealen Bedingungen schätzen auch Kitesurfer und Surfer, und dank des flachen Wassers und der beständigen Brise in der Pucka-Bucht kann man diese Wassersportarten hier von der Pike auf lernen. Auch für Kinder gibt es eine Menge attraktiver Angebote. Für diesen Ausflug brauchen Sie sicher einen ganzen Tag. Badezeug, starke Sonnenschutzcreme und Kopfschutz einpacken! 200 km Autofahrt insgesamt. Falls Sie sich für die Anreise per Bahn oder übers Wasser entscheiden, dann ist das Rad auf der Halbinsel ein unverzichtbares Verkehrsmittel.

Insider Tipp

Bild: Halbinsel Hel

AUSFLÜGE & TOUREN

Sie haben drei Möglichkeiten, auf die Halbinsel und in den Ort **Hel** zu kommen. Von Anfang Mai bis Mitte September fährt die sogenannte Wasserstraßenbahn. Die Schiffsreise ab Danzig dauert ca. 2 Stunden *(Abfahrt stdl. | Schiffslinie F 1 | Ablegestelle am Mottlau-Ufer, Baszta Łabędź | 18 Zł., Fahrrad 3 Zł. | www.trojmiasto.pl/tramwajwodny.php)*.

Eine Alternative ist die Anfahrt mit der Bahn. Das vorbeiziehende Panorama aus Kiefernwäldern und Dünen ist einzigartig. Sie fahren etwa 2,5 Stunden und steigen einmal in Gdynia Główna um *(Abfahrt stdl. | PKP-Zug ab Gdańsk Główny | 13 Zł., Fahrrad 5 Zł. | www.pkp.pl)*. Oder Sie nehmen einfach das Auto: Sie fahren entweder über Sopot oder auf der Ringstraße S 6 über Gdynia, Reda, Rumia und Władysławowo an der Küste entlang. Die Fahrt dauert ca. 1,5 Stunden. Achtung: In der Saison

(Mai bis September) kann es passieren, dass Sie Stunden im Stau stehen.

Die Tour beginnt in Hel mit einem Besuch im **Robbenzentrum** *(tgl. 9.30–16 Uhr | Eintritt 2 Zł. | Morska 2 | www.fokarium.pl)*. In dieser Meeresstation der Uni Danzig werden die selten gewordenen Kegelrobben gezüchtet und gepflegt. Schauen Sie diesen lustigen Ostseebewohnern beim Füttern um 11 und 14 Uhr zu. In der angeschlossenen Ausstellung „Säugetiere der Ostsee" erfahren Sie mehr über Kegelrobben, Seehunde und Schweinswale. Zeit für eine Mahlzeit? Dann ab ins **Maszoperia**, ein gemütliches Fischerhaus *(tgl. 10–21 Uhr | Wiejska 110 | Tel. 586 75 02 97 | www.maszoperia.net | €€)*. Dort genießen Sie zwischen dekorativem Fischereizubehör, bunten Gemälden und dem Kamin eine leichte Lachssuppe oder mit Champignons gefüllten, saftigen Schweinsrücken. Bevor Sie weiterfahren, machen Sie unbedingt einen kurzen Rundgang durch den malerischen Fischerhafen und erklimmen über 197 Stufen die in 41 m Höhe liegende *Aussichtsplattform* des **Leuchtturms** *(Mai–Sept. tgl. 10–14 u. 15–19 Uhr | Eintritt 3 Zł.)*. Bei schönem Wetter sehen Sie von hier aus sogar die Dreistadt.

Lust auf Schwimmen oder Sonnenbaden? Etwa 10 Autominuten trennen Sie von **Jurata** und 15 Minuten von **Jastarnia**. Diese Strecke ist auch für Fahrradfahrer empfehlenswert. Besuchen Sie beide Strände – den der Ostseeseite und den an der Bucht: Es sind kaum 10 Minuten zu Fuß! Zahlreiche Kite- und Windsurfing-Ausleihstellen stehen für Sie bereit, und Sie können sich hier sogar einen Kitesurftrainer mieten *(in der Saison tgl. 9–20 Uhr | Leihgebühr Surfbrett: ab 35 Zł./Std., Trainerstd. ab 40 Zł. | Stelmaszczyka, an der Mole | Jastarnia oder Sztormowa 3 | Chałupy)*. Insider Tipp

2 KASCHUBISCHE SCHWEIZ (SZWAJCARIA KASZUBSKA)

Die Kaschuben sind neben den Schlesiern und den Masuren eine der drei in Polen lebenden ethnischen Minderheiten. Im Norden Polens leben über 500000 Kaschuben, die Mehrheit von ihnen in der Wojewodschaft Pommern (Województwo Pomorskie), einem der 16 Bezirke, in die Polen unterteilt ist. Kaschubische Kultur, Tradition und Spezialitäten lernen Sie während dieses Ausflugs kennen. Es geht mitten durch eine malerische, von ungefähr 1500 Seen durchsetzte Hügellandschaft und wieder zurück bis kurz vor die Tore Danzigs. Dafür nehmen Sie sich am besten einen ganzen Tag Zeit. 120 km Autofahrt insgesamt. Badesachen nicht vergessen!

Rund eine Autostunde über die Landstraße 7 oder 1,5 Stunden mit dem Bus *(Abfahrt stdl. | PKS-Bus ab Haltestelle 3 Maja 12 | 7,80 Zł. | www.pks.gdansk.pl)*, und schon haben Sie **Kartuzy** (15000 Ew.) erreicht **[120 C3]**, die Hauptstadt des Kaschubenlands. Besuchen Sie hier unbedingt die **Kollegiatskirche** *(3 Maja 4)*. Dank der originellen und wertvollen Renaissanceausstattung ist das Gotteshaus eins der interessantesten der Kaschubei und wegen seines charakteristischen Dachs in Form eines Sargs das Wahrzeichen der Stadt.

Das kaschubische **Franciszek-Treder-Museum** ist nur ein paar Minuten zu Fuß von hier entfernt *(Di–Fr 8–16, Sa 8–15 Uhr, Mai–Sept. auch So 10–14*

Uhr | Eintritt 9 Zł. | Kościerska 1 | www.muzeum-kaszubskie.gda.pl). Im Museum faszinieren unter anderem kaschubisches Kunsthandwerk, Stickereien und lustige Möbel wie das Bettgestell „szla-bang".

Ein paar Kilometer westlich von Kartuzy führt Sie die Landstraße 211 direkt nach **Chmielno** (3000 Ew.). Dort lebt die Familie Elas-Necel. Seit mehr als 100 Jahren ist sie für ihre Keramikkunst berühmt – in der Werkstatt sollten Sie beim Töpfern der typisch kaschubischen Gefäße in Braun, Weiß und Blau zuschauen, die Sie dann auch als Andenken erwerben können. Angeschlossen ist eine Ausstellung zu Brauchtum und Volkskunst der Kaschuben. Chmielno liegt am Weißensee (Jezioro Białe). Hier können Sie baden, angeln und verschiedene Wassersportarten betreiben, z. B. Kanutouren unternehmen.

Haben Sie schon Hunger bekommen? Nur etwa 10 km trennen Sie vom Dorf **Ostrzyce**. Sie fahren südlich auf die Landstraße 228. Links sehen Sie den Kłodno-See. Direkt am Ostrzyckie-See inmitten von dicht bewaldeten Hügeln liegt das kleine **Hotel-Restaurant Helena** *(20 Zi. | Ostern bis Okt., 10 Uhr bis letzter Gast | Tel. 586 84 16 82 | www.helena.tp1.pl | €€).* Eine Alternative: die **Bar Piec Chlebowy**, wo Fisch und kaschubisches Brot frisch aus dem Ofen zu empfehlen sind, deftig serviert mit Schmalz *(tgl. 10 Uhr bis letzter Gast | Tel. 586 84 18 70 | €).* Insider Tipp

Jetzt tut Ihnen ein Spaziergang gut! Fahren Sie in südlicher Richtung nach **Wieżyca**. Auf der 228 sind es etwa 7,5 km. Steigen Sie unbedingt auf die große Aussichtsplattform auf dem 329 m hohen Berg *Wieżyca* (Turmberg). Der sogenannte kaschubische Insider Tipp

Traditionelle Töpferkunst: Kaschubische Keramiken können Sie in Chmielno erstehen

Olymp ist der höchste Berg im polnischen Tiefland, und von hier oben schauen Sie auf das bezaubernde Panorama der Kaschubei. Sind Sie schon müde? Wenn nicht, dann besuchen Sie noch das skurrile *Zentrum für Bildung und Förderung der Region* in **Szymbark**, das etwa 1,5 km von Wieżyca entfernt ist. Da überraschen Sie ein „andersrum" – mit dem Dach nach unten – gebautes Haus oder das längste Brett der Welt, das im Guinnessbuch der Rekorde steht *(Mo–Sa 9–17, So 10–17 Uhr | Eintritt 2 Euro | Szymbarskich Zakładników 11 | www.cepr-szymbark.pl)*.

Nach diesem eindrucksvollen Tag können Sie sich nun entspannen, wenn Sie noch etwa 15 km Autofahrt in Kauf nehmen. Sie fahren über Rybaki und Starkowa Huta zunächst nach Westen auf der Landstraße 20. In Egiertowo biegen Sie links auf die 224 ab. Mitten im Wald liegt das nach Öko-Richtlinien geführte Landhaus **Kaszubska Strzecha** *(7 Zi. | Goręczyno | Kasztelańska 9 | Tel. 586 84 14 69 | www.kaszubskastrzecha.pl | €€)*. Früher ein Schafstall, ist die Kaszubska Strzecha heute ein großes, stilvolles Holzhaus mit Reetdach, umgeben von 14 ha Wald, Wiesen und einem See. Hier lassen sich Karpfen, Aale und Brassen angeln – Sie kriegen die Fische dann fangfrisch zubereitet auf den Teller. In der Kaszubska Strzecha können Sie natürlich auch übernachten, und zwar sehr günstig *(10–20 Euro)* und mit traumhaftem Seeblick. In etwa 50 Minuten sind Sie von hier aus wieder zurück in Danzig.

Insider Tipp

3 ORDENSBURG MARIENBURG (MALBORK)

Etwa eine Autostunde südlich von Danzig am Fluss Nogat ragen stolz die prachtvollen roten Mauern der Marienburg [121 E4] aus der Ebene. Errichtet wurde sie von den Rittern des Deutschen Ordens ab dem Jahr 1280. Anfang des 14. Jhs. wurde die Anlage zum Hauptsitz

Marienburg: Europas größte mittelalterliche Burganlage war Hauptsitz des Deutschen Ordens

des Ordens, der von hier aus den Ordensstaat regierte. Die Burg galt als uneinnehmbar, ihre Architektur und bauliche Einzelheiten wie die Abwassersysteme sind ein einzigartiges Meisterstück, das von der Unesco zum Welterbe erhoben wurde. Eine große Flasche Wasser mitnehmen und unbedingt bequeme Schuhe anziehen!

Etwa 1 Stunde mit der Bahn ab Danzig-Hauptbahnhof dauert die Reise nach Malbork *(Abfahrt stdl. | PKP-Zug ab Gdańsk Główny | www.pkp.pl)*. Genauso lange dauert es mit dem Auto. Über die Landstraße 1 kommen Sie in **Rusocin** auf die nagelneue Autobahn A1. Das Ticket für die Autobahngebühren an der Ausfahrtkasse kostet Sie 3,5 Zł. Halten Sie Kleingeld bereit!

In **Swarożyn** fahren Sie ab und kommen über die Landstraße 22 in ein paar Minuten direkt nach **Malbork** (40000 Ew.), wo die beeindruckende **Marienburg** steht *(erste Hälfte April und zweite Hälfte Sept. tgl. 10–17, Mitte April–Mitte Sept. 9–19, Okt.–März 10–15 Uhr | Eintritt bis 15.30 Uhr 35 Zł., ab 15.45 Uhr 25 Zł., Fotografiergebühr 15 Zł. | Starościńska 1 | www.zamek.malbork.pl)*. Eine Führung auf Deutsch kostet 210 Zł., ist aber nur für Gruppen möglich.

Beginnen Sie Ihren Besuch beim Vorschloss. Dort erwarten Sie unter anderem der mittelalterliche Saal und das imposante Haupttor. Ins Mittelschloss führt eine Zugbrücke mit einem Torsystem. Bemerkenswert ist der Hochmeisterpalast, der in einem großräumigen Turm eingerichtet wurde. Man erzählt immer wieder, dass es dort spukt. Besuchen Sie den Waffensaal und schlendern Sie bis ins Hochschloss. Die originelle Bäckerei und die Küche sind genauso sehenswert wie das Bade- und Brunnenhaus. Und Sie können von hier den 70 m hohen Hauptturm besteigen – der Rundblick ist fantastisch!

Ihren Hunger stillen Sie im **Gothik Cafe & Restaurant** direkt am Schloss *(tgl. 9–17, in der Saison bis 19 Uhr | Starościńska 1 | Tel. 556470889 | www.gothik.com.pl | €€)*. Das Haus serviert köstliche Suppen, und als Hauptgang speisen Sie wie die Ritter und kosten den Schweinsrücken mit Dampfkohl. Wenn Sie danach noch fit sind, setzen Sie die Besichtigung der Burg fort. Attraktionen gibt es genug für mehr als einen Tag. Zum Beispiel die *Marienkirche* mit der Goldenen Pforte. Wenn Sie bis zum Abend da sind, können Sie die ausgezeichnete *Show „Licht und Ton"* besuchen. Von Mitte April bis Mitte September werden beeindruckende Veranstaltungen – von mittelalterlichen Ritterspielen bis zu Musikevents – in der malerischen Burgkulisse veranstaltet.

> VON ANREISE BIS ZOLL

Urlaub von Anfang bis Ende: die wichtigsten Adressen und Informationen für Ihre Danzig-Reise

ANREISE

AUTO

Aus Deutschland sind es je nach Startpunkt 400 km bis etwa 1300 km nach Danzig. Die Hauptstrecken führen über Usedom/Świnoujście oder über die A11 bzw. die B104 bei Stettin. Die polnischen Autobahnen sind mautpflichtig. Meistens fahren Sie in Polen jedoch über Landstraßen.

BAHN

Die Anreise mit der Bahn innerhalb Polens dauert länger als die Autofahrt; über Berlin müssen Sie meistens zwei- bis dreimal umsteigen. Es gibt eine direkte Verbindung mit einem PKP-Schlafwagen von Berlin-Lichtenberg nach Danzig: *tgl., Abfahrt 21.04 Uhr, Ankunft 8.36 Uhr | Fahrpreis ab 70 Euro | www.pkp.pl, www.bahn.de*

BUS

Die Busfahrt aus Deutschland dauert je nach Abfahrtsort zwischen 5 und 15 Stunden. Tickets ab 100 Euro hin und zurück *(www.ats-reiseservice.de, www.deutsche-touring.com)*. Rückfahrt ab Busparkplatz am Hauptbahnhof Danzig.

FLUGZEUG

Der *Lech-Wałęsa-Flughafen (www.airport.gdansk.pl)* liegt etwa 20 km nordwestlich von Danzig beim Ort

PRAKTISCHE HINWEISE

Rębiechowo. Danzig wird u.a. von LOT, Lufthansa, Air Berlin, Wizzair, Ryanair und Germanwings angeflogen. Die ZTK-Busse 110 und 210B und der Nachtbus N3 fahren Sie für 3 Zł. (0,75 Euro) ins Zentrum *(www.ztm.trojmiasto.pl)*. Ein Taxi in die Stadt kostet ca. 12 Euro (Zuschläge 22–6 Uhr sowie sonn- und feiertags).

AUSKUNFT

POLNISCHES FREMDENVERKEHRSAMT

Kurfürstendamm 71 | 10709 Berlin | Tel. 030/21 00 09 20 | www.polen.travel/de

Lerchenfelder Str. 2 | 1080 Wien | Tel. 01/52 47 19 10 | www.polen.travel/de-at

Polnische Botschaft | Elfenstr. 20A | 3000 Bern 16 | Tel. 031/358 02 02 | www.berno.polemb.net

GDAŃSKA ORGANIZACJA TURYSTYCZNA (GOT)

Lech-Wałęsa-Flughafenterminal im Stadtzentrum: Heweliusza 13–17 | Tel. 585 26 88 15 | www.gdansk.pl; Touristikinformation im PKP-Bahnhof: Podwale Grodzkie 1 | Tel. 587 21 32 77; IT-Punkt im Lech-Wałęsa-Flughafen Rębiechowo: Słowackiego 200 | Tel. 583 48 13 68; PTTK Gdańsk: Długa 45 | Tel. 583 01 91 51 | www.pttk-gdansk.pl; ROP PTTK IT: Ogarna 76–77, Raum 2 | Tel. 583 06 38 65

DIPLOMATISCHE VERTRETUNGEN

DEUTSCHES GENERALKONSULAT

Al. Zwycięstwa 23 | Tel. 583 40 65 00 | Notfalltel. 601 67 69 49 (deutsch) | www.danzig.diplo.de | Mo–Fr 8–11 Uhr

ÖSTERREICHISCHES KONSULAT

Ehrenkonsul Ryszard Krauze | Śląska 17 | Gdynia | Tel. 586 20 19 93 | Mo–Fr 10–12 Uhr

SCHWEIZER BOTSCHAFT

Al. Ujazdowskie 27 | Warschau | Tel. 226 28 04 81 82 | www.eda.admin.ch/warsaw | Mo–Fr 9–12 Uhr

EINREISE

Für EU-Bürger und Schweizer reicht der Personalausweis (Identitätskarte) bzw. der Kinderausweis.

FAHRRÄDER

Danzig gilt als polnische Fahrradhauptstadt. Insgesamt gibt es über 30 km Fahrradwege. Auch ein Ausflug entlang der Danziger Küste zum Beispiel nach Gdynia lohnt sich. Wollen Sie ein Fahrrad mieten, benötigen Sie Personalausweis oder Führerschein und müssen ca. 40 Euro Kaution hinterlegen. Eine Stunde kostet ca. 2,50 Euro, Tagesmiete (9–19 Uhr) ca. 10 Euro. Mehr Informationen unter *Tel. 583 20 61 69 | www.de.joytrip.eu, www.rowerownia.gda.pl*

FUNDBÜRO

Biuro Reczy Znalezionych | Elbląska 54–60, Raum B208 | Mo–Fr 8–15 Uhr | Tel. 583 01 30 11

GELD & PREISE

Geldautomaten *(bankomat)* gibt es an jeder Ecke. Die meisten Geschäfte, Lokale und Hotels akzeptieren die gängigen Kreditkarten.

Die polnische Währung ist der Złoty (1 Złoty = 100 Groszy), sie ist frei konvertierbar, d.h., der Wechselkurs ändert sich. Dinge des täglichen Bedarfs sind meist günstiger als bei uns, Zigaretten und Wodka viel günstiger; importierte Waren kosten genauso viel, sind teilweise aber auch teurer.

GESUNDHEIT

Vergessen Sie die Europäische Gesundheitskarte EHIC nicht. Diese bekommen Sie vor der Abreise einfach bei Ihrer Krankenkasse. Sollten Sie Arzt- oder Apothekengebühren zunächst bar bezahlen müssen, reichen Sie nach der Rückkehr die Belege Ihrer heimischen Kasse zur Erstattung ein. Im Notfall gehen Sie in eine Krankenhaus-Notstation *(pogotowie)*.

Falls Sie Zahnschmerzen bekommen, entscheiden Sie sich lieber für eine private Zahnklinik *(stomatolog/dentysta)*. Dort ist der Service wesentlich besser als bei den staatlichen Notaufnahmestationen. Diese Leistungen müssen Sie natürlich privat bezahlen, doch die polnischen Zahnärzte sind vergleichsweise günstig – bei Topleistungen. Danzigs renommierte Zahnklinik ist die *Klinika Stomatologiczna Dr. Marka Marcinkowskiego (Fieldorfa 17 | Tel. 583 02 98 34 o. Tel. 583 20 73 80)*.

> WAS KOSTET WIE VIEL?

> KAFFEE	**1,50 EURO** für einen Espresso
> WEIN	**AB 10 EURO** für ein Flasche Tischwein im Restaurant
> IMBISS	**5 EURO** für einen Toast mit Käse und Tomate
> BUSFAHRT	**0,75 EURO** für die Einzelfahrt
> SOUVENIR	**5 EURO** für eine Tasse mit Danzig-Motiv
> EINTRITT	**1,50–3 EURO** für den Zutritt zu den meisten Museen

INTERNET

Informationen zu Danzig im Internet finden Sie u.a. bei *www.gdansk4u.pl* (auch auf Deutsch); *www.wolneforum gdansk.pl; www.forum.danzig.de* (ein sehr umfangreiches privates Internetportal. Der aus Danzig stammende Autor stellt u.a. viele interessante Danziger und ihre Geschichten vor); *www.tpn-gdansk.info* (Website der Deutsch-Polnischen Gesellschaft in Danzig); *www.herder.univ.gda.pl* (Website des Herder-Zentrums in Danzig); *www.hotelegdansk.pl* und *www.booking.pl* (Hotelbuchung online); *www.zwiedzanie.pieknygdansk.pl* (Stadtführer); *www.e-gdansk.com* (Ausgehtipps); *www.pttk-gdansk.pl* beschäftigt sich mit der Betreuung und Beratung von Touristengruppen wie auch Individualreisenden.

PRAKTISCHE HINWEISE

INTERNETCAFÉS & WLAN

Hotspots gibt es in Danzig auf der ulica Długa, dem Długi Targ, der Długie Pobrzeże, dem Targ Węglowy sowie auf den Straßen Grobla I, Grobla II, Szklary und Tandeta.

In den meisten Hotels, Restaurants und Cafés in der Altstadt gibt es kostenlosen Internetzugang, in recht vielen Hotels auch über WLAN. Internetcafés gibt es relativ wenige: Das Café *Krewetka (Karmelicka 1)* hat lange geöffnet: *Mo–Sa 9–0.30, So 9.30–0.30 Uhr.*

KLIMA & REISEZEIT

Die schönste Zeit in Danzig ist der Sommer. Während es im Frühling noch richtig kalt oder sehr wechselhaft sein kann, ist es im Sommer angenehm. Ab Anfang Mai ist die Stadt sehr grün. In Juni bleiben die Temperaturen meistens noch unter 20 Grad. Von Juli bis Ende August steigen die Temperaturen dann auf 20–28 Grad. Temperaturen über 30 sind eher die Ausnahme, doch heiße Tage im Mai, Juni oder September sind keine Seltenheit. Der polnische Herbst ist leider oft regnerisch. Stimmungsvoll ist es auch im Winter. Die Stadt wird mit kleinen bunten Lampen verziert, und in jeder Kirche finden Sie eine andere, einzigartige Krippe. Im Winter kann es in Danzig richtig kalt werden, dann brauchen Sie unbedingt eine dicke Jacke, Mütze und Handschuhe.

MIETWAGEN

Einen Leihwagen, um beispielsweise die Kaschubei oder Masuren zu besuchen, finden Sie unter anderem bei: *Avis | Tel. 583 48 12 89 o. Tel. 583 00 60 05 | www.avis.pl; Exel | Tel. 586 79 22 00 | www.exel.gda.pl; Piast Rental | Tel. 585 58 26 33 | www.piast-rental.com.pl*. Die Preise sind ähnlich wie in Deutschland. Wenn Sie schon von zu Hause aus buchen, ist es meistens günstiger.

WÄHRUNGSRECHNER

€	PLN	PLN	€
1	4,05	1	0,24
3	12,20	5	1,20
5	20,40	20	4,85
7	28,50	30	7,30
10	40,70	70	17,00
25	101,80	150	36,40
40	162,90	250	60,65
90	366,50	600	145,50
150	610,80	900	218,30

NOTRUF

Polizei Tel. 997, Feuerwehr Tel. 998, Rettungswagen Tel. 999 oder einfach der *allgemeine Notruf: Tel. 112*

ÖFFENTLICHE VERKEHRSMITTEL

In der Altstadt selbst gibt es keine öffentlichen Verkehrsmittel. Bis zum Zentrum kommen Sie entweder mit der Straßenbahn *(tramwaj)* oder mit dem ZTM-Bus *(autobus)*. Die Nachtbusse N1 bis N11 fahren von 23 bis 4.30 Uhr. Busfahrplan im Internet unter *www.ztm.gda.pl*.

Die Schnellbahn *SKM Trojmiasto* verbindet die drei Städte der Dreistadt untereinander. *Ticket 2,20 Zł. | www.skm.pkp.pl*

ÖFFNUNGSZEITEN

Die meisten Geschäfte sind Mo–Fr 10–19, Sa 10–15 Uhr geöffnet; große

Einkaufszentren tgl. 9–20 oder 21 Uhr. Kioske und Bäckereien schließen früher. Museen haben montags geschlossen. Einige Restaurants und Clubs sind ebenfalls montags geschlossen oder haben kürzere Öffnungszeiten.

POST

Die Postämter *(poczta)* haben Mo–Fr 7.30–20, Sa 8–14 Uhr geöffnet. Briefmarken *(znaczki)* bekommen Sie meistens auch am Kiosk *(kiosk)*. Eine Postkarte innerhalb Europas kostet 2,40 Zł.

STADTRUNDFAHRTEN

Danzig können Sie mit einem kleinen Bus besichtigen. *Treffpunkt: ul. Tkacka, Złota Brama/Katownia.* Nach telefonischer Absprache können die Passagiere (jeweils max. 5 Personen) auch an anderen Stellen in der Stadt abgeholt werden. Man zahlt in Euro oder Złoty direkt im Bus. Touren: Königsstrecke (30 Min., 25 Euro/Pers.), Solidarność-Strecke (1 Std., 42 Euro/Pers.), Solidarność und die wichtigsten Danziger Sehenswürdigkeiten (90 Min., 62 Euro/Pers.). Alle Touren auch deutschsprachig. *April bis Okt. | Melex Busrundfahrten | Tel. 509 90 19 75.*

Am *Grünen Tor (Zielona Brama)* kaufen Sie Tickets zu mehrsprachigen Hafenrundfahrten *(Ende Juni–Aug. tgl. 9–19, Juni u. Sept.–Nov. tgl. 10 bis 16 Uhr | 45 Zł. | www.zegluga.pl).* Sie können sich auch eine Stadtrundfahrt mit der Rikscha bestellen: *Tel. 600 13 85 04 o. Tel. 583 04 72 18 | www.riksze.pl.*

STROM

Die Netzspannung beträgt 220 Volt.

TAXI

Taxis sind eine gute Alternative zu den öffentlichen Verkehrsmitteln, da sie relativ günstig sind: *8,50 Zł. Grundgebühr plus 2,70 Zł./km; 22–6 Uhr, sonn- und feiertags 4,05 Zł./km.* Bei einigen Taxiunternehmen gibt es 20–30 Prozent Rabatt, wenn Sie telefonisch bestellen. Die Zentralen: *Super Halo Taxi, Tel. 191 91; Hallo*

WETTER IN DANZIG

	Jan.	Feb.	März	April	Mai	Juni	Juli	Aug.	Sept.	Okt.	Nov.	Dez.
Tagestemperaturen in °C	1	2	5	10	15	19	22	21	18	12	7	3
Nachttemperaturen in °C	-3	-3	-1	3	7	11	14	14	11	7	2	-1
Sonnenschein Std./Tag	1	2	4	5	7	9	7	7	5	3	1	1
Niederschlag Tage/Monat	9	8	7	8	8	8	10	11	9	9	8	9

Taxi, Tel. 196 66; City Plus Neptun, Tel. 196 86.

Taxen können Sie auf der Straße anhalten (gelbes Licht auf dem Dach), oder Sie finden sie an den Hotels, an Taxiständen, am Bahnhof und am Flughafen. Vorsicht bei Taxis, die zu keinem Unternehmen gehören! Diese Taxen haben meistens nur ein ganz kleines Taxischild auf dem Dach. Sie besitzen weder ein Firmenlogo noch Werbung. Achten Sie darauf, dass der Fahrer das Taxameter einschaltet. Fragen Sie schon beim Einsteigen, wie hoch der Betrag etwa sein wird, und weisen Sie darauf hin, dass Sie eine Quittung benötigen!

TELEFON & HANDY

Vorwahl nach Deutschland: *0049,* Österreich: *0043,* Schweiz: *0041,* danach die Ortsvorwahl ohne die erste Null. Vorwahl nach Polen: *0048,* dann die vollständige Nummer mit Ortsvorwahl, ohne Null dazwischen.

Wenn Sie in Polen innerhalb des Festnetzes telefonieren, wählen Sie erst die Ortsvorwahl (in Danzig 058) und dann die siebenstellige Festnetznummer. Bei Anrufen vom Handy ins Festnetz entfällt die Null der Ortsvorwahl. Bei Verbindungen von Handy zu Handy müssen Sie immer die Null vorwählen.

Telefonzellen *(budka telefoniczna)* funktionieren mit Telefonkarten *(karta telefoniczna)*. Diese erhalten Sie (Stückelung: 25–100 Einheiten) bei Kiosken, Tankstellen und Postämtern.

Die Mobilfunkanbieter *(www.orange.pl, www.plus.pl, www.heyah.pl)* konkurrieren miteinander – checken Sie die Roamingtarife, oder kaufen Sie eine polnische Prepaidkarte. Damit sparen Sie die Roaminggebühren. Prepaidkarten bekommen Sie bei den Mobiltelefonanbietern, an Tankstellen, in Internetcafés oder übers Internet. Alternative sind internationale Prepaidkarten.

TOILETTEN

Öffentliche Toiletten *(toaleta, WC)* sind mit einem Kreis für Damen und einem Dreieck für Herren gekennzeichnet.

TOURISTENKARTE

Mit der Karte „Gdańsk-Sopot-Gdynia-Plus“ bekommen Sie Ermäßigungen in etwa 130 Einrichtungen (Ausstellungen, Restaurants, Pubs, Läden, Theater) in der ganzen Dreistadt. Die Touristenkarte beinhaltet außerdem die freie Nutzung der öffentlichen Verkehrsmittel in den drei Städten. *72-Std.-Karte 65 Zł., 24-Std.-Karte 35 Zł..* Verkaufsstellen: *Lech-Wałęsa-Flughafen Rębiechowo | Słowackiego 200; PKP-Hauptbahnhof | Podwale Grodzkie 1; Lech-Wałęsa-Flughafen-Stadtterminal | Heweliusza 13–17; Tourismus-Infozentrum (Centrum Informacji Turystycznej) | Długi Targ 28–29*

VERANSTALTUNGSTIPPS

Tagesaktuelle Termine finden Sie u. a. im „Aktivist“: Die Zeitung liegt z. B. in Pubs und Kneipen kostenlos aus. *(www.aktivist.pl)*

ZOLL

Waren für den persönlichen Bedarf dürfen innerhalb der EU frei ein- und ausgeführt werden. Es gibt jedoch Limits: z. B. 90 l Wein, 10 l Spirituosen, 800 Zigaretten.

> CZY MÓWISZ PO POLSKU?

„Sprichst du Polnisch?" Dieser Sprachführer hilft Ihnen, die wichtigsten Wörter und Sätze auf Polnisch zu sagen

Aussprache

Zur Erleichterung der Aussprache sind alle polnischen Wörter mit einer einfachen Aussprache (in eckigen Klammern) versehen. In mehrsilbigen Wörtern wird die vorletzte Silbe betont. Polnische Phonetik:

a = immer kurz	ó = u
ą = on (nasal) wie im Französischen	rz = französisches j in „Journal"
c = z wie in „Zeit" (nie wie k)	s = immer scharf
ę = en (nasal) wie Französisch („in...")	ś = sj
ł = etwa wie englisches w	sz = sch
ń = nj wie in „Champagner"	ż = rz = französisches j

AUF EINEN BLICK

Ja./Nein./Vielleicht.	Tak. [tak]/Nie. [njä]/Może. [moschä]
Bitte./Danke.	Proszę. [proschän]/ Dziękuję. [dsiänkujän]
Entschuldigung!	Przepraszam! [pschäprascham]
Wie bitte?	Słucham? [suucham]
Ich verstehe Sie nicht.	Nie rozumiem pana/pani. [njä rossumjäm pana/panji]
Können Sie mir bitte helfen?	Czy może mi pan/pani pomóc? [tschi moschä mi pan/panji pommuz]
Ich möchte …	Chciałbym/Chciałabym … [chtschaubim/chtschauabim]
Das gefällt mir (nicht).	To mi się (nie) podoba. [to mi schän (njä) poddobba]
Haben Sie …?	Czy ma pan/pani …? [tschi ma pan/panji]
Wie viel kostet es?	Ile to kosztuje? [ilä to koschtujä]
Wie viel Uhr ist es?	Która godzina? [ktura goddsina]

KENNENLERNEN

Guten Morgen/Tag!	Dzień dobry! [dsiänj dobbri]
Guten Abend!	Dobry wieczór! [dobri wätschur]
Hallo!/Grüß dich!	Halo!/Witam! [chalo/witam]
Wie heißt du?	Jak się nazywasz? [jak schän nasiwasch]
Wie geht es Ihnen?	Jak się panu/pani powodzi? [jak schän panu/panji powwoddsi]

Danke. Und Ihnen?	Dziękuję. [dsiänkujän] A panu/pani? [a panu/panji]
Auf Wiedersehen!	Do widzenia! [do widsänja]
Gute Nacht!	Dobranoc! [dobbranotts]

UNTERWEGS

AUSKUNFT

links	na lewo [na läwo]
rechts	na prawo [na prawo]
geradeaus	prosto [prossto]
nah/weit	blisko [blisko]/daleko [daläko]
Bitte, wo ist …?	Przepraszam, gdzie jest …? [pschäprascham, gdsiä jäst]
Bahnhof	dworzec [dwaschez]/ kolejowy [kolejowi]
Bus	autobus [autobus]
Wie weit ist das?	Jak to jest daleko? [jak to jäst daläko]

PANNE

Ich habe eine Panne.	Mam awarię samochodu. [mam awarjän samochoddu]
Wo ist hier in der Nähe eine Werkstatt?	Gdzie jest tu w pobliżu warsztat samochodowy? [gdsiä jäst tu f pobblischu warschtat samochodowe]

TANKSTELLE

Wo ist bitte die nächste Tankstelle?	Przepraszam, gdzie jest najbliższa stacja benzynowa? [pschäprascham, gdsiä jäst najblischscha stazja bänsinowwa]
Ich möchte … Liter	Chciałbym/chciałabym … litrów [chtschaubim/chtschauabim ... litruf]
… Normalbenzin.	… benzyny niskooktanowej. [bänsini njiskoocktanowwäj]
… Super/Diesel.	… wysokooktanowej/ropy. [wisockoocktanowwäj/roppi]

UNFALL

Hilfe!	Ratunku! [ratunku]
Rufen Sie bitte schnell …	Proszę wezwać szybko …

… einen Krankenwagen. [proschän wäswatsch schipko]
… karetkę pogotowia. [karätkän poggottowwa]

… die Polizei. … policję. [pollizjän]

… die Feuerwehr. … straż pożarną. [strasch poscharnon]

Geben Sie mir bitte Ihren Namen und Ihre Anschrift. Proszę mi podać pana/pani nazwisko i adres. [proschän mi poddatsch pana/panji naswisko i adräs]

ESSEN/UNTERHALTUNG

Wo gibt es hier … Gdzie jest tu w pobliżu … [gdsiä jäst tu fpobblischu]

… ein gutes Restaurant? … dobra restauracja? [dobbra rästaurazja]

Reservieren Sie uns bitte für heute Abend einen Tisch für vier Personen. Proszę zarezerwować dla nas na dziś wieczór stolik na cztery osoby. [proschän saräsärwowwatsch dla nas na dsisch wjätschur stollik na tschtäri ossobbi]

Auf Ihr Wohl! Pana/pani zdrowie! [pana/panji sdrowwjä]

Bezahlen, bitte. Mogę zapłacić? [moggän sapuatschitsch]

Hat es geschmeckt? Smakowało? [smakowwauo]

Das Essen war ausgezeichnet. Jedzenie było znakomite. [jädsänjä biuo snakommitä]

ÜBERNACHTUNG

Können Sie mir bitte … empfehlen? Może mi pan/pani polecić … [moschä mi pan/panji pollätschitsch]

… ein gutes Hotel… … dobry hotel? [dobbri chottäl]

… eine Pension… … pensjonat? [pänsjonnat]

Haben Sie noch Zimmer frei? Czy ma pan/pani jeszcze wolne pokoje? [tschi ma pan/panji jäschtschä wollnä pockojjä]

ein Einzelzimmer pokój jednoosobowy [pockuj jädnoossobbowwi]

ein Zweibettzimmer pokój dwuosobowy [pockuj dwuossobbowwi]

mit Bad z łazienką [s uasiänkon]

mit Dusche z prysznicem [s prischnjizäm]

für eine Nacht na jedną noc [na jädnon noz]

für eine Woche	na tydzień [na tidsiänj]
Was kostet das Zimmer mit …	Ile kosztuje pokój … [ilä koschtujä pockuj]
… Frühstück?	… ze śniadaniem? [sä schnjadanjäm]
… Halbpension?	… ze śniadaniem i kolacją? [sä schnjadanjäm i kollazjon]
… Vollpension?	… z całodziennym wyżywieniem? [s zauoddsiännim wischiwenjäm]
Kann ich das Zimmer ansehen?	Mogę ten pokój obejrzeć? [moggän tän pockuj obbäjschätsch]

PRAKTISCHE INFORMATIONEN

ARZT

Können Sie mir einen guten Arzt empfehlen?	Czy może mi pan/pani polecić dobrego lekarza? [tschi moschä mi pan/panji pollätschitsch dobbrägo läkascha]
Ich habe hier Schmerzen.	Tu mnie boli. [tu mnjä bolli]

BANK

Wo ist hier bitte …	Gdzie tu jest … [gdsiä tu jäst ...]
… eine Bank?	… bank? [bank]
… eine Wechselstube?	… kantor (wymiany walut)? [kantorr (wimjani walut)]
Ich möchte … Euro (Schweizer Franken) in Złoty wechseln.	Chciałbym/f Chciałabym wymienić … euro niemieckich (franków szwajcarskich) na złotówki. [chtschaubim/chtschau-abim wimänjitsch … euro njämäzkich (frankuf schfajzarskich) na suotuwki]

POST

Was kostet …	Ile kosztuje … [ilä koschtujä]
… ein Brief …	… list … [list]
… eine Postkarte …	… pocztówka … [pottschtufka]

ZAHLEN

1	jeden [jädän]	8	osiem [oschäm]
2	dwa [dwa]	9	dziewięć [dsiäwänjtsch]
3	trzy [tschi]	10	dziesięć [dsiäschänjtsch][
4	cztery [tschtäri]	100	sto [sto]
5	pięć [pänjtsch]	1000	tysiąc [tischonz]
6	sześć [schäschtsch]	1/2	jedna druga [jädna druga]
7	siedem [schädäm]	1/4	jedna czwarta [jädna tschwarta]

Danzigs Yachthafen

> UNTERWEGS IN UND UM DANZIG

Die Seiteneinteilung für den Reiseatlas finden Sie auf dem hinteren Umschlag dieses Reiseführers

CITY ATLAS

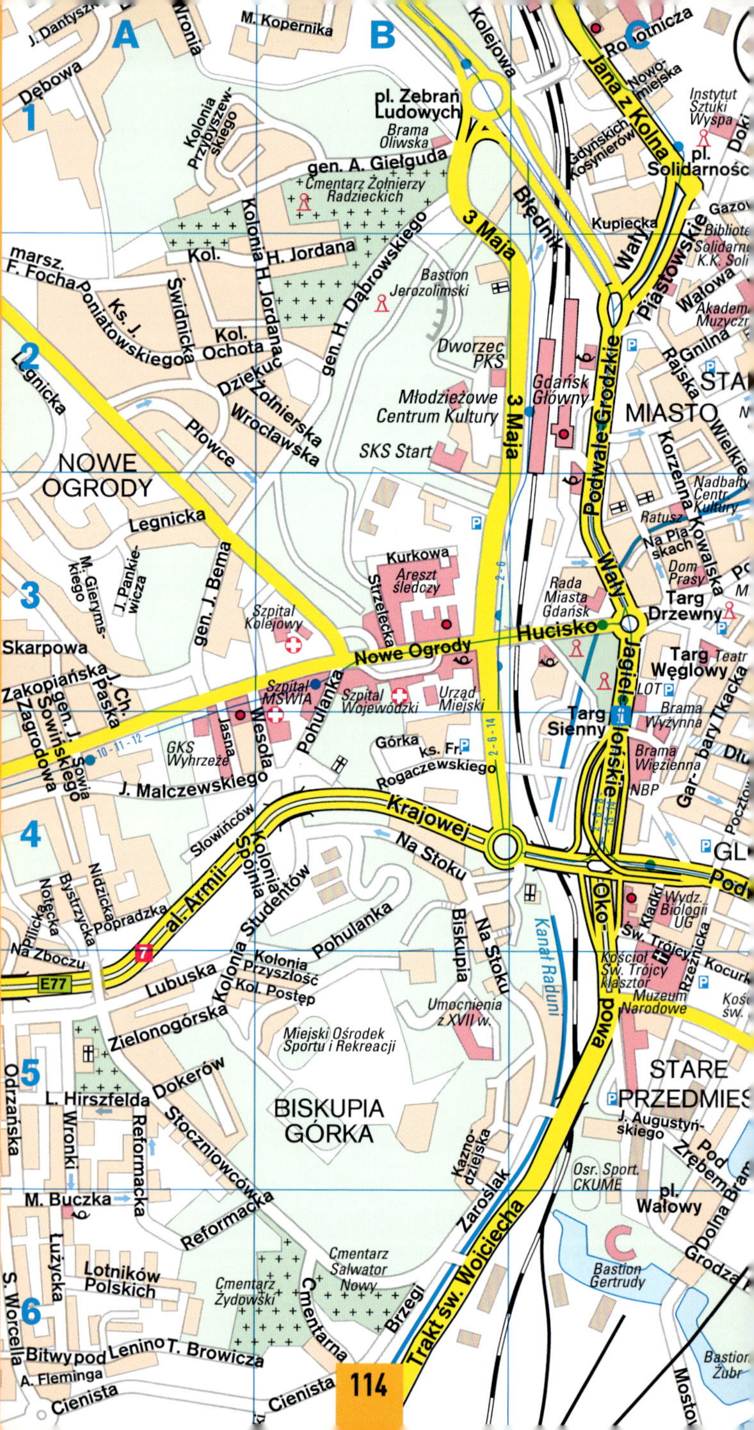
A
B
C
1
2
3
4
5
6
J. Dantyszka
M. Kopernika
Wronia
Kolejowa
Robotnicza
Nowo-miejska
Jana z Kolna
Instytut Sztuki Wyspa
Dębowa
pl. Zebrań Ludowych
Brama Oliwska
Kolonia Przybyszewskiego
gen. A. Giełguda
Cmentarz Żołnierzy Radzieckich
Gdyńskich Kosynierów
pl. Solidarności
3 Maja
Błędnik
Kupiecka
Wały
Piastowskie
Wałowa
marsz. F. Focha
Kol.
H. Jordana
Kolonia H. Jordana
gen. H. Dąbrowskiego
Bastion Jerozolimski
Ks. J. Poniatowskiego
Świdnicka
Kol. Ochota
Dworzec PKS
Gdańsk Główny
Podwale Grodzkie
Gnilna
Rajska
Legnicka
Dziekuć
Żołnierska
Młodzieżowe Centrum Kultury
MIASTO
Płowce
Wrocławska
SKS Start
Korzenna
Wielkie
NOWE OGRODY
Legnicka
Nadbałtyckie Centrum Kultury
Ratusz
Kowalska
Na Piaskach
Dom Prasy
M. Gierymskiego
J. Pankiewicza
gen. J. Bema
Kurkowa
Areszt śledczy
Strzelecka
Rada Miasta Gdańsk
Targ Drzewny
Szpital Kolejowy
Hucisko
Skarpowa
Nowe Ogrody
Targ Węglowy
Teatr
Zakopiańska
J. Ch. Paska
gen. J. Sowińskiego
Zagrodowa
Szpital MSWiA
Pohulanka
Szpital Wojewódzki
Urząd Miejski
LOT
Brama Wyżynna
Targ Sienny
Jasna
Wesoła
Jagiellońskie
GKS Wybrzeże
Sowia
Górka
ks. Fr. Rogaczewskiego
Brama Więzienna
NBP
Garbary
Tkacka
10-11-12
2-6-14
2-6
J. Malczewskiego
Słowińców
Kolonia Spójnia
Kolonia Studentów
Krajowej
Na Stoku
al. Armii
Nidzicka
Bystrzycka
Notecka
Pilicka
Popradzka
Wydz. Biologii UG
Kładki
Św. Trójcy
Rzeźnicka
Kocurki
Na Zboczu
7
E77
Lubuska
Kolonia Przyszłość
Kol. Postęp
Pohulanka
Biskupia
Na Stoku
Kanał Raduni
Okopowa
Kościół Św. Trójcy klasztor
Muzeum Narodowe
Zielonogórska
Umocnienia z XVII w.
Miejski Ośrodek Sportu i Rekreacji
Odrzańska
Dokerów
L. Hirszfelda
Reformacka
BISKUPIA GÓRKA
STARE PRZEDMIEŚCIE
J. Augustyńskiego
Pod Zrębem
Stoczniowców
Wronki
Kaznodziejska
Osr. Sport. CKUME
M. Buczka
pl. Wałowy
Reformacka
Zaroślak
Dolna Brama
Łużycka
Cmentarz Salwator Nowy
Trakt św. Wojciecha
C
Bastion Gertrudy
Grodzka
Lotników Polskich
Cmentarz Żydowski
Cmentarna
Brzegi
S. Worcella
Bitwy pod Lenino
T. Browicza
A. Fleminga
Cienista
Cienista
Bastion Żubr
Mostowa

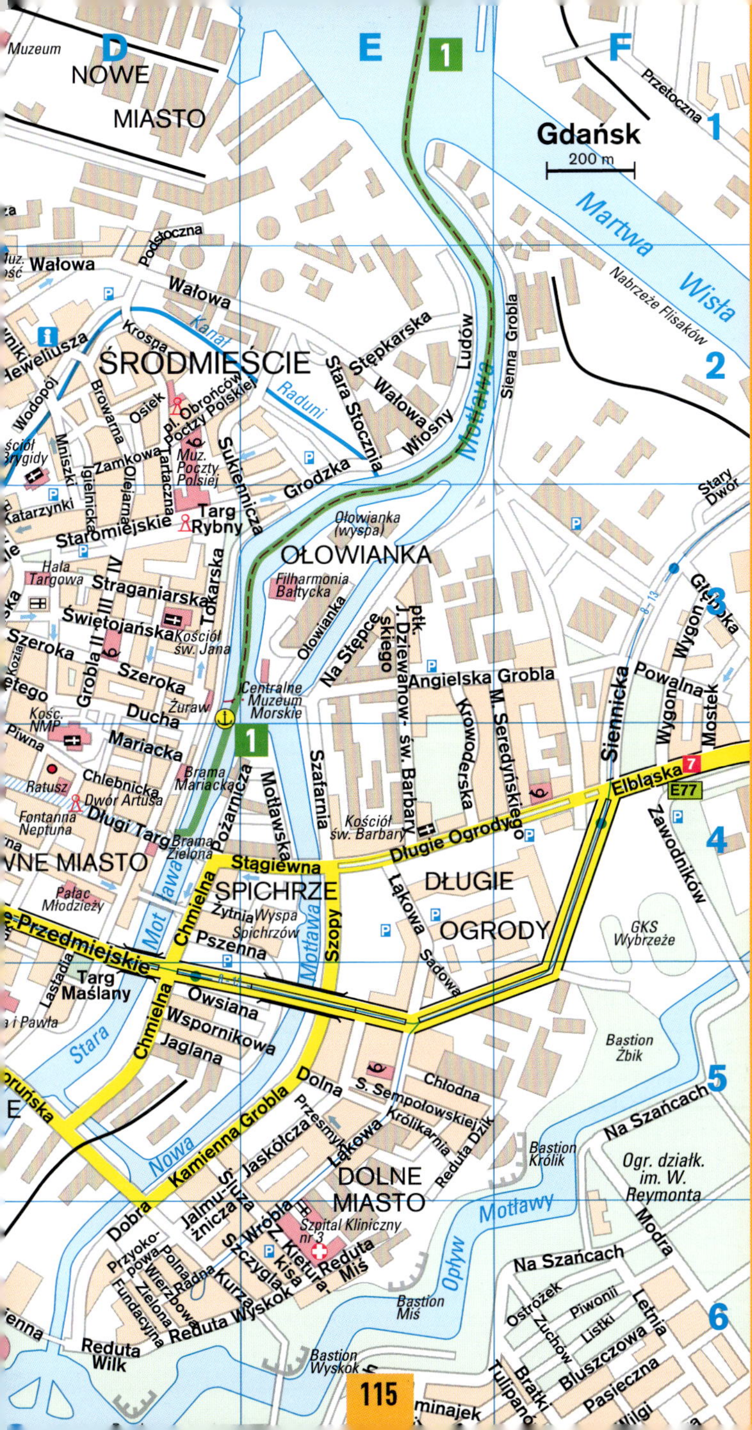

Gdańsk
200 m
D
E
F
1
2
3
4
5
6
NOWE MIASTO
ŚRÓDMIEŚCIE
OŁOWIANKA
SPICHRZE
DŁUGIE OGRODY
DOLNE MIASTO
Martwa Wisła
Nabrzeże Flisaków
Przetoczna
Podstoczna
Wałowa
Kanał Raduni
Heweliusza
Krosna
Wodopój
Browarna
Osiek
pl. Obrońców Poczty Polskiej
Muz. Poczty Polskiej
Stępkarska
Stara Stocznia
Wiosny Ludów
Motława
Sienna Grobla
Stary Dwór
Mniszki
Igielnicka
Zamkowa
Olejarna
Tartaczna
Sukiennicza
Grodzka
Ołowianka (wyspa)
Katarzynki
Staromiejskie
Targ Rybny
Hala Targowa
Straganiarska
Tokarska
Filharmonia Bałtycka
Świętojańska
Kościół św. Jana
Szeroka
Grobla II
III
IV
Ołowianka
Na Stępce
ptk. J. Dziewanowskiego
Angielska Grobla
Powalna
Wygon
Głęboka
Mostek
Siennicka
Kozia
Żuraw
Centralne Muzeum Morskie
Ducha
Kość. NMP
Mariacka
Piwna
Chlebnicka
Ratusz
Dwór Artusa
Fontanna Neptuna
Długi Targ
Brama Mariacka
Brama Zielona
Pożarnicza
Motławska
Szafarnia
Dziewanów - św. Barbary
Krowoderska
M. Seredyńskiego
Kościół św. Barbary
Długie Ogrody
Elbląska
7
E77
Zawodników
Stągiewna
Pałac Młodzieży
Chmielna
Żytnia
Wyspa Spichrzów
Pszenna
Szopy
Łąkowa
Sadowa
GKS Wybrzeże
Przedmiejskie
Targ Maślany
Lastadia
Owsiana
Wspornikowa
Jaglana
Stara Motława
Bastion Żbik
Dolna
S. Sempołowskiej
Chłodna
Królikarnia
Reduta Dzik
Bastion Królik
Na Szańcach
Ogr. działk. im. W. Reymonta
Modra
Toruńska
Nowa Motława
Kamienna Grobla
Jaskółcza
Przesmyk
Śluza
Jalmużnicza
Wróbla
Z. Kieturakisa
Szpital Kliniczny nr 3
Reduta Miś
Szczygla
Kurza
Opływ Motławy
Bastion Miś
Dobra
Przyokopowa
Polna
Wierzbowa
Radna
Zielona
Fundacyjna
Reduta Wyskok
Reduta Wilk
Bastion Wyskok
Ostróżek
Piwonii
Listki
Letnia
Zuchów
Bluszczowa
Bratki
Tulipanów
Pasieczna
Wilgi
Łąkowa
Pawła

Gdynia
300m
A
B
C
1
2
3
4
5
6
Jana z Kolna
Sąd Rej.
Molo Rybackie
Hryniewickiego
Basen I Prezydenta
plac Kaszubski
św. Wojciecha
Portowa
St. Żeromskiego
Jerzego Waszyngtona
J.H. Derdowskiego
Starowiejska
Władysława IV
Zygmunta Augusta
Abrahama
Świętojańska
K. Pułaskiego
Dworcowa
Piaśniцy
Szkolna
3 Maja
Zgoda
Mściwoja
SKM
Podjazd
10 Lutego
Skwer Kościuszki
ORP Błyskawica
Dar Pomorza
Przystań Żeglugi Gdańskiej
aleja Zjednoczenia
St. Batorego
H. Jastaka
Antoniego
Zygmuntowska
K.O. Borchardta
Park Rady Europy
Wyższa Szkoła Morska
Muzeum Oceanogr. i Akwar. Morskie
Basen Jachtowy im. M.Zaruskiego
Armii Krajowej
pl. Grunwaldzki
Wybickiego
Teatr Muzyczny
Cassino
Zawiszy Czarnego
Fr. Sędzickiego
Muzeum Marynarki Wojennej
Litewska
Poleska
Podolska
468
aleja 17 Grudnia
Obrońców Wybrzeża
Skwer im. Tajnego Hufca Harcerzy
Żwirki i Wigury
Henryka Sienkiewicza
Jana Kasprowicza
A. Mickiewicza
Zatoka Gdańska
Śląska
A. Abrahama
J. Kilińskiego
J. Słowackiego
H. Siemiradzkiego
Białostocka
KAMIENNA GÓRA
P. Skargi
R. Traugutta
gen. J. Bema
I Armii Wojska Polskiego
Mariacka
J. Kochanowskiego
W. Stwosza
J. Korzeniowskiego
węz.Fr. Cegielskiej
Poznańska
Teatr Miejski
Ignacego Krasickiego
Legionów
W. Sieroszewskiego
A. Fredry
Urząd Miejski
Uniwersytet Gdański
Bulwar Nadmorski im. F. Nowowiejskiego
Skwer Plymouth
Stadion Miejski
aleja marsz. J. Piłsudskiego
Partyzantów
Gdynia Wzgórze św.Maksymiliana
rondo św. Maksymiliana
kość.św. Antoniego
K. Tetmajera
W. Wyspiańskiego
Wieniawskiego
Bolesława Prusa
Fr. Chopina
Paderewskiego
Mikołaja Kopernika
E. Orzeszkowej
K. Ujejskiego
St. Moniuszki
J.Matejki
I. Pola
Wileńska
Droga Gdyńska
bpa K. Dominika
Śniadeckich
marsz. F. Focha
M. Reja
Górna
A. Grottgera
C. Norwida
J. Ejsmonda
Wł. Syrokomli
Kazimierza Tetmajera
Harcerska
Gabriela Narutowicza
gen. J. Dąbrowskiego
gen. St. Maczka
Hetmańska
Kasztelańska
Wojewódzka
Senatorska
wojew. Jachowiaka
aleja Zwycięstwa
WZGÓRZE ŚW. MAKSYMILIANA
Polanka Redłowska
gen. J. Hallera
Dywizji Kościuszkowskiej
W.Szczeblewskiego
Suchanka
M. Mokwy
Batalionów Chłopskich
T. Nocznickiego
Skośna
Okrętowa
Stoczniowców
kość.Chrystusa Miłosiernego
Redłowska
REDŁOWO
Łużycka
Orląt Lwowskich
Lutycka

Sopot
300m
Zatoka Gdańska
KAMIENNY POTOK
SOPOT DOLNY
SOPOT GÓRNY
KARLIKOWO
Park Północny
Powstańców Warszawy
aleja-Niepodległości
J. J. Haffnera
molo
skwer Kuracyjny
muszla koncertowa
Wojewódzki Zespół Reumatologiczny
plac Zdrojowy
Bohaterów Monte Cassino
Grunwaldzka
Bitwy pod Płowcami
3 Maja
Uniwersytet Gdański
Urząd Miasta
Sopot
Sopot Wyścigi
Hipodrom
Sopocki Klub Lekkoatletyczny
Park Południowy
468

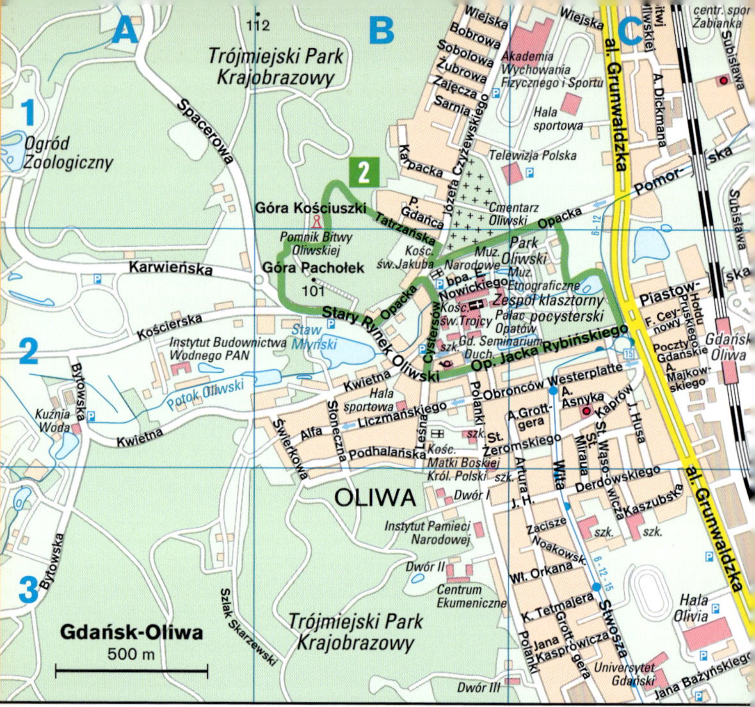
A
B
C
1
2
3
112
Trójmiejski Park Krajobrazowy
Ogród Zoologiczny
Spacerowa
Góra Kościuszki
Pomnik Bitwy Oliwskiej
Góra Pachołek
101
Karwieńska
Kościerska
Instytut Budownictwa Wodnego PAN
Staw Młyński
Potok Oliwski
Bytowska
Kuźnia Wodna
Kwietna
Stary Rynek Oliwski
Opacka
Tatrzańska
P. Gdańca
Karpacka
Józefa Czyżewskiego
Sarnia
Zajęcza
Żubrowa
Sobolowa
Bobrowa
Wiejska
Akademia Wychowania Fizycznego i Sportu
Hala sportowa
Telewizja Polska
Cmentarz Oliwski
Park Oliwski
Kość. św. Jakuba
Muz. Narodowe
Muz. Etnograficzne
bpa. Nowickiego
Zespół klasztorny
Pałac pocysterski
Opatów
Kość. św. Trójcy
Gd. Seminarium Duch.
Cystersów
Op. Jacka Rybińskiego
al. Grunwaldzka
Pomorska
A. Dickmana
Subisława
centr. sport. Żabianka
Piastowska
Hołdu Pruskiego
F. Ceynowy
Poczty Gdańskiej
A. Majkowskiego
Gdańsk Oliwa
Obrońców Westerplatte
Kwietna
Hala sportowa
Liczmańskiego
Słoneczna
Alfa
Świerkowa
Podhalańska
Leśna
Polanki
A. Grottgera
St. Żeromskiego
A. Asnyka
Kaprów
J. Husa
St. Wasowicza
St. Mirauа
Kość. Matki Boskiej Król. Polski
szk.
OLIWA
Dwór I
Artura
Wita
J. H. Derdowskiego
Kaszubska
Instytut Pamięci Narodowej
Zacisze
Noakowsk.
Dwór II
Wł. Orkana
Centrum Ekumeniczne
K. Tetmajera
Jana Kasprowicza
Grottgera
Stwosza
Hala Olivia
Uniwersytet Gdański
Jana Bażyńskiego
Dwór III
Szlak Skarżewski
6-12-15
Gdańsk-Oliwa
500 m

4
5
6
Gdańsk Zaspa
al. Grunwaldzka
al. Wojska Polskiego
Braci
M. Karłowicza
K. Szymanowskiego
STRZYŻA
Lewoniewskich
aleja J. Pawła II
Franciszka Hynka
KUŹNICZKI-DOLNA
Tadeusza Kościuszki
St. Kunickiego
Jana
J. Pestalozziego
Gołębia
Kilińskiego
plac gen. J. Wybickiego
L. Krzemienieckiej
Hala sportowa
Legionów
Lwowska
Tadeusza Kościuszki
K. K. Baczyńskiego
Bolesława Chrobrego
Zbyszka z Bogdańca
Dubois
al. gen. Józefa Hallera
J. Ostroroga
Lilli
Wenedy
J. Żywiecka
Sochaczewska
Adama Mickiewicza
Akademia Medyczna
J. Lelewela
K. Wallenroda
Grażyny
Aldony
Gdańsk Wrzeszcz
Romana
Wajdeloty
Waryńskiego
St. Wyspiańskiego
Saperów
Próżna
dr. Fr. Kubacza
L. Mirosławskiego
M. Reja
Juliusza Słowackiego
A. Lendziona
Malachowskiego
H. Kołłątaja
Obywatelska
Jesionowa
Brzozowa
Dmowskiego
Biała
Zator-Przytockiego
M. Konopnickiej
Partyzantów
Topolowa
Podleśna
Zabytkowa
straż pożarna
gen. Ch. de Gaulle'a
Stefana Batorego
Sosnowa
Matki Polki
Wł. Pniewskiego
H. Sienkiewicza
Ludwika
St. Czarnieckiego
Ks. L. Miszewskiego
Konrada Leczkowa
Jana Uphagena
al. Zwycięstwa
Dzielna
St. Okrzei
al. gen. Józefa Hallera
SREBRZYSKO
WRZESZCZ
J. Kossaka
Sobótki
Akacjowa
J. Wassowskiego
Matejki
S. Pileckiego
Do Studzienki
gen. J. Fiszera
Politechniczna
Własna Strzecha
A. Puszkina
G. Narutowicza
J. Lukasiewicza
Bracka
Siedlicka
Opera Bałtycka
Park Akademicki
Szpital Studencki
Politechnika Gdańska
STUDZIENKA
Jaśkowa Dolina
E. Romera
Na Wzgórzu
GÓRZYNA
Romualda
Traugutta
Cmentarz Centralny
Morena
Gdańsk-Wrzeszcz
500 m

STRASSENREGISTER

Das Register enthält eine Auswahl der im Cityatlas dargestellten Straßen und Plätze

A
B
C
10 km
1
2
3
4
5
6
Słowiński Park Narodowy
Jez. Łebsko
Jez. Gardno
Rowy
Smołdzino
Kluki
Łeba
Stęknica
Wicko
Ulinia
Lubiatowo
Wierzchucino
Jez. Żarnowieckie
Żarnowiec
Dębki
Choczewo
Żelazna
Gniewino
Maszewko
Łebień
Kostkowo
Objazda
Gąbino
Żelkowo
Główczyce
Pobłocie
Rekowo Lęborskie
Łeczyce
Strzebielino
Łupawa
Stowięcino
Redkowice
Nowa Wieś Lęborska
Godętowo
Lębork
Lubowidz
Luzino
Lubuczewo
Bobrowniki
Jezierzyce
Damnica
Potęgowo
Pogorzelice
Nawcz
Rędzikowo
Mianowice
SŁUPSK
Kobylnica
Chewnica
Unieszynko
Linia
Strzepcz
Cewica
Reblino
Łosino
Słupia
Dębnica Kaszubska
Dobieszewo
Podkomorzyce
Kozin
Czarna Dąbrówka
Siemirowice
Mirachowo
Puzdrowo
Sierakowice
Kartuzy
Chmielno
Budowo
Miechucino
Gowidlino
Tuchlino
Jez. Raduńskie
Uniechowo
Jasień
Leszczynki
Brodnica Grn.
Somonino
Suchorze
Barnowo
Sulęczyno
Borucino
Goręczyno
Pomysk Mały
Borzytuchom
Klukowa Huta
Jez. Jeleń
Parchowo
Jez. Mausz
Trzebielino
Bytów
Skorzewo
Grabowo Kościerskie
Łubno
Udorpie
Półczno
Nw. Karcz.
Kościerzyna
Dretyń
Trzcinno
Tuchomie
Studzienice
Lipusz
Łubiana
Wlk. Klincz
Kramarzyny
Brzeźno Szlacheckie
Kalisz
Wda
Wdzydze
Miastko
Lipnica
Dziemiany
Str. Kiszewa
Miłocice
Trzyniec
Upiłka
Jez. Wdzydze
Wdzydze Tucholskie
Wiele
Koczała
Brda
Karsin
Odry
Brusy
Sworne Gacie
Konarzynki
Park Narodowy Bory Tucholskie
Czarna Woda
Łąg
Jez. Szczytno
Przechlewo
Krzyż
Czersk
Szlachta
Rzeczenica
Polnica
Rytel
Gwieździn
Jez. Charzykowskie
Charzykowy
Czarne
Wyczechy
Chojnice
Śliwice
Człuchów
Silno
Lichnowy
Stobno
Krzemieniewo
Barkowo
Mosiny
Ogorzeliny
Sławęcin
Tuchola
Cekcyn
Zamarte
Debrzno
Ledyczek
Str. Gronowo
Kamień Krajeński
Wieszczyce
Wysoka
Łąkie
Gostycyn
Bysław
Lipka
Waldowo
Lubiewo
Str. Wiśniewka
Pojezierze Kaszubskie
Pojezierze Krajeńskie
Pobrzeże Kaszubskie
Bory Tucholskie
Województwo Pomorskie
Pomorskie
E28
S6
210
214
212
209
20
21
22
25
6
235
240
2010

D
E
F
1
2
3
4
5
6
Karlskrona
Travemünde
Nynäshamn
Helsinki
Jastrzębia G.
Rozewie
Władysławowo
Łebcz
Gnieżdżewo
Chałupy
Mierzeja Helska
Puck
Jastarnia
Jurata
Żelistrzewo
Mrzezino
Zatoka Pucka
Rewa
Hel
Reda
Rumia
GDYNIA
Zatoka Gdańska
Koleczkowo
Chwaszczyno
Sopot
GDAŃSK
Oliwa
Przodkowo
Żukowo
Leźno
Sobieszewo
Jantar
Mikoszewo
Stegna
Sztutowo
Mierzeja Wiślana
Krynica Morska
Przejazdowo
Lublewo Gd.
Straszyn
Pruszcz Gdański
Rusocin
Łęgowo
Żuławy Wiślane
Kiezmark
Grabiny-Zameczek
Ostaszewo
Nw. Dwór Gdański
Marzęcino
Kępki
ELBLĄG
Kamionek Wlk.
Mierzeszyn
Pszczółki
Kmiecin
Jazowa
Pordenowo
Nw. Staw
Jegłownik
Myszewo
Gronowo Elb.
Jez. Drużno
Stanisławie
Godziszewo
Lisewo
Tczew
Zamek krzyżacki
Skarszewy
Czarlin
Swarożyn
Str. Pole
Balewo
Malbork
Zwierzno
Subkowy
Miłoradz
Rychliki
Starogard Gdański
Wierzyca
Zblewo
Tropy Sztumskie
Święty Gaj
Pelplin
Jabłowo
Rudno
Małe Walichnowy
Sztum
Str. Targ
Dzierzgoń
Biała Góra
Czernin
Bobowo
Olsze
Mikołajki Pomorskie
Przezmark
Lubichowo
Morzeszczyn
Gniew
Ryjewo
Str. Dzierzgoń
Jez. Dzierzgoń
Skórcz
Jerzwałd
Gluche
Liwa
Prabuty
Kamieniec
Kopytkowo
Kwidzyn
Susz
Kol. Ostrowicka
Szymbark
Nowe
Nebrowo Wlk.
Trumieje
Kisielice
Zabrowo
Warlubie
Osie
Wielki Komorsk
Gardeja I
Laseczno
Jez. Grzchy
Rogóźno-Zamek
Łasin
Drzycim
Krąplewice
GRUDZIĄDZ
Biskupiec
Bielice
Laskowice
Nowe Marzy
Górna Grupa
Wisła
Nogat
Szkarpawa
Radunia
E28
E75
E77
A1
S6

KARTENLEGENDE

Droga o czterech pasach ruchu Vierspurige Straße	Road with four lanes Route à quatre voies
Droga przelotowa Durchgangsstraße	Thoroughfare Route de transit
Droga główna Hauptstraße	Main road Route principale
Drogi inne Sonstige Straßen	Other roads Autres routes
Ulica jednokierunkowa - Strefa ruchu pieszego Einbahnstraße - Fußgängerzone	One-way street - Pedestrian zone Rue à sens unique - Zone piétonne
Informacja - Parking Information - Parkplatz	Information - Parking place Information - Parking
Kolej główna z dworcami Hauptbahn mit Bahnhof	Main railway with station Chemin de fer principal avec gare
Kolej drugorzędna Sonstige Bahn	Other railway Autre ligne
Linia tramwajowa Straßenbahn	Tramway Tramway
Kościół zabytkowy - Pozostały kościół - Synagoga Sehenswerte Kirche - Sonstige Kirche - Synagoge	Church of interest - Other church - Synagogue Église remarquable - Autre église - Synagogue
Pomnik - Camping Denkmal - Campingplatz	Monument - Camping site Monument - Terrain de camping
Komisariat - Poczta Polizeistation - Postamt	Police station - Post office Poste de police - Bureau de poste
Szpital - Schronisko młodzieżowe Krankenhaus - Jugendherberge	Hospital - Youth hostel Hôpital - Auberge de jeunesse
Obszar zabudowany, budynek użyteczności publicznej Bebaute Fläche, öffentliches Gebäude	Built-up area, public building Zone bâtie, bâtiment public
Obszar przemysłowy - Park, las Industriegelände - Park, Wald	Industrial area - Park, forest Zone industrielle - Parc, bois
Cmentarz chrześcijański - Cmentarz żydowski Christlicher Friedhof - Jüdischer Friedhof	Christian cemetery - Jewish cemetery Cimetière chrétien - Cimetière juif
Spacery po mieśie Stadtspaziergänge	Walking tours Promenades en ville

REGISTER

In diesem Register sind alle im Reiseführer erwähnten Sehenswürdigkeiten und Ausflugsziele sowie einige wichtige Persönlichkeiten aufgeführt. Halbfette Seitenzahlen verweisen auf den Haupteintrag.

> SCHREIBEN SIE UNS

Liebe Leserin, lieber Leser,

wir setzen alles daran, Ihnen möglichst aktuelle Informationen mit auf die Reise zu geben. Dennoch schleichen sich manchmal Fehler ein – trotz gründlicher Recherche unserer Autoren/innen. Sie haben sicherlich Verständnis, dass der Verlag dafür keine Haftung übernehmen kann.

Wir freuen uns aber, wenn Sie uns schreiben.

Senden Sie Ihre Post an die MARCO POLO Redaktion, MAIRDUMONT, Postfach 3151, 73751 Ostfildern, info@marcopolo.de

IMPRESSUM

Titelbild: Danzig, Stadtansicht (Mauritius: Hiroshi Higuchi)
Fotos: Cream Sopot (14 u.); W. Deuter (20); Przemysław Diering (12 o.); Dumont-Bildarchiv: Hirth (20/21, 29, 44); © fotolia.com: fuxart (15 u.), Angela Köhler (94 M.l.), Werner Münzker (95 M.r.), shocky (95 u. r.), maxim sivyi (13 o.), Krzysztof Szampera (94 o. l.), Martina Topf (14 o.); R. Freyer (2 r., 3 M., 3 r.,4 r., 5, 6/7, 18, 22/23, 34/35, 38, 41, 48, 52, 90/91, 100/101); © iStockphoto.com: Yanik Chauvin (14 M.), David Newton (15 o.), Axel Rieder (95 o. l.), ShyMan (94 u. r.), Tomasz Zajaczkowski (94 M.r.); Klub Muzyczny Ucho: Tomek Zerek (12 u.); Laif: Eisermann (2 l., 26), Gerber (45), Schwelle (74); Mauritius: Hiroshi Higuchi (1); M-city: Mariusz Waras (13 u.); Restauracja Filharmonia: Sebastian Jezierski (95 M.l.); T. Stankiewicz (U. l., 3 l., 42, 51, 56/57, 58/59, 61, 62, 64, 65, 68, 70, 72/73, 76, 79, 80/81, 82, 85, 86, 88/89, 89, 93, 96/97, 99); Transit-Archiv: Hirth (U. M., U. r., 4 l., 8/9, 11, 16/17, 21, 30, 32, 46, 55, 66/67, 88, 112/113); Katarzyna Tuszyñska (126)

1. Auflage 2010

Chefredaktion: Michaela Lienemann (Konzept, Chefin vom Dienst), Marion Zorn (Konzept, Textchefin)
Autorin: Katarzyna Tuszyñska, unterstützt von Thoralf Plath (Sehenswertes) und Knuth Krohn (Auftakt); Redaktion: Arnd M. Schuppius
Programmbetreuung: Silwen Randebrock; Bildredaktion: Gabriele Forst
Szene/24h: wunder media, München
Kartografie Cityatlas: © MAIRDUMONT, Ostfildern
Innengestaltung: Zum goldenen Hirschen, Hamburg; Titel/S. 1–3: Factor Product, München
Sprachführer: in Zusammenarbeit mit Ernst Klett Sprachen GmbH, Stuttgart, Redaktion PONS Wörterbücher

Printed in Hungary. Gedruckt auf 100% chlorfrei gebleichtem Papier

> UNSERE AUTORIN

MARCO POLO Insiderin Katarzyna Tuszyńska im Interview

Katarzyna Tuszyńska ist gebürtige Danzigerin und arbeitet in ihrer eigenen Agentur *Medienfabrik.pl* als Korrespondentin für deutsche Medien.

Wieso leben Sie in Danzig?

Ich bin in Danzig geboren. Nur einmal habe ich die Stadt für längere Zeit verlassen. Das war während eines einjährigen Studienaufenthalts im Rahmen eines Stipendienprogramms in Bonn. Doch, meine Stadt Danzig habe ich tief im Herzen. Hier bin ich zu Hause. Meine ganze Familie und meine besten Freude leben hier, und ich fühle ich mich hier richtig wohl!

Und Sie kennen sich natürlich gut aus ...

Über die Jahre habe ich jede Ecke in Danzig kennengelernt. Inzwischen bin ich drei Mal umgezogen. Heute wohne ich zwar etwas laut, aber ganz nah der Rechtstadt und kann die berühmte Langgasse schnell zu Fuß erreichen. Ich genieße Spaziergänge durch die charmanten Danziger Gassen und auf der Mottlauer Promenade mit ihren Cafés und Restaurants.

Haben Sie Lieblingsplätze?

Mehrere! In der Bäckerei Pellowski gegenüber vom Rathaus trinke ich gerne einen Espresso zum Aufwachen. Ich liebe die leckeren Piroggen im Pierogarnia u Dzika, und in der gemütlichen Weinstube von Liliana Pietraszek trinke ich gerne ein Glas. Ich mag besonders die romantische Frauengasse in der Innenstadt und den modernen Yachthafen mit der Brauerei auf der Bleihofinsel.

Was machen Sie beruflich?

Seit zehn Jahren arbeite ich als freie Korrespondentin für deutschsprachige Medien und erkunde dabei Danzig und die pommersche Region in Nordpolen. Mein erster deutscher Auftraggeber war und ist das Ostseemagazin von NDR 1 Welle-Nord in Kiel. Inzwischen arbeite ich für mehrere deutsche Radio- und Fernsehmagazine, und dank eines EU-Programms für junge Unternehmer aus der pommerschen Region bin ich jetzt dabei, meine eigene Produktionsfirma *Medienfabrik.pl* auf die Beine zu stellen.

Was machen Sie in Ihrer Freizeit?

Ich kann stundenlang mit meinem Pferd Poker die Zeit verbringen, und ich liebe Sport: Spinning (Powerbike) oder Joggen am Strand. Gerne verbringe ich meine Freizeit im Erholungszentrum im Aquapark Sopot: beim Schwimmen oder in einer der neun Saunas. Auf der Sommerterrasse des Zentrums genieße ich danach dann die Sonne.

Mögen Sie die Danziger Küche?

Selbstverständlich! Ich liebe Fisch und Meeresfrüchte. In der Nähe der Bar Przystań in Sopot bekommt man Fisch frisch vom Kutter oder geräuchert. Das schmeckt einfach wunderbar! Und ich esse gerne die Rote-Bete-Suppe *barszcz* oder kaschubische Sauergurken.

> BLOSS NICHT!

Tipps, um ein paar alltäglichen Fallen in Danzig zu entgehen

Kein Gentleman sein

Polnische Frauen sind echte Damen. Sie sind es gewöhnt, als Erste durch die Tür oder in den Aufzug gelassen zu werden. Männer, die ihnen nicht den Vortritt lassen, werden schnell als Machos abgestempelt. Ein wahrer Gentleman hilft beim Ablegen oder Anziehen des Mantels. Bei einem feierlichen Abendessen gehört das fast zur Pflicht! Viel lockerer ist es jedoch unter jüngeren Leuten.

Über einen Handkuss wundern

Mit Handkuss wurden polnische Frauen früher oft begrüßt. Es kommt heute noch vor, dass ältere polnische Männer Frauen auf diese Weise empfangen. Unter der jungen Generation gilt diese Geste als veraltet, oft als lächerlich. Wundern Sie sich dennoch nicht über einen angedeuteten, gehauchten Handkuss.

Zu geizig sein

Deutsche Touristen gelten in Polen als besonders knauserig. Hier gibt man mindestens 10–15 Prozent Bedienungsgeld. Wenn der Kellner weg ist, lassen Sie das Trinkgeld auf dem Tisch liegen.

Getrennt bezahlen

In Danziger Restaurants ist klar: Die Bezahlung wird unter den Leuten am Tisch geregelt. Der Kellner stellt einen Beleg aus und erwartet den Gesamtbetrag. Die Bitte um getrennte Rechnungen kommt nicht gut an.

Zu zögerlich am Zebrastreifen sein

Sie wollen die Straße am Fußgängerüberweg überqueren, aber kein Auto lässt Sie durch? Trauen Sie sich, Ihren Fuß beherzt auf den Zebrastreifen zu stellen, sonst hält kein Auto an, und Sie warten eine Ewigkeit.

Oben ohne

Polen ist ein von katholischen Moralvorstellungen geprägtes Land. Wer oben ohne am Strand sitzt, bricht ein Tabu. Zwar existiert kein gesetzliches Verbot, aber man sollte die Traditionen des Gastlandes respektieren.

Duzen

Eine fremde Person gleich zu duzen gehört sich nicht. Damit sich niemand beleidigt fühlt und die Stimmung nicht im Keller landet, sprechen Sie sich mit Herr Tadeusz oder Frau Katarzyna an, also Herr/Frau plus Vorname! Nicht mit Nachnamen wie in Deutschland.

Einfach einen Espresso bestellen

Da in Polen immer noch Filterkaffee am populärsten ist, serviert man Ihnen, wenn Sie Espresso bestellen, aus Unkenntnis oftmals einfach einen solchen oder überbrüht die gemahlenen Bohnen einfach mit kochendem Wasser – ganz traditionell. Fragen Sie also beim Bestellen sicherheitshalber genau nach.